Deutsche Gedichte

Deutsche Gedichte

Eine Anthologie

Herausgegeben von
Dietrich Bode

Philipp Reclam jun. Stuttgart

Alle Rechte vorbehalten
© 1984, 2000 Philipp Reclam jun. GmbH & Co., Stuttgart
Revidierte Ausgabe 2000
Satz und Druck: Reclam, Ditzingen.
Buchbinderische Verarbeitung: Sigloch Buchbinderei, Blaufelden
Printed in Germany 2000
RECLAM ist eine eingetragene Marke
der Philipp Reclam jun. GmbH & Co., Stuttgart
ISBN 3-15-058012-9

Inhalt

8

10

Vorwort

Eine Auswahl von fast 300 Gedichten kann nicht den Anspruch erheben, den »ewigen Vorrat deutscher Poesie« zu versammeln – der ist größer und schwer begrenzbar. Sie hat, zumal wenn sie in Reclams Universal-Bibliothek erscheint, den ganz bescheidenen, pragmatischen Zweck, eine preiswerte Textanthologie zu bieten: als Zugang zur Literatur, als Exemplum fürs lyrische Kunstwerk, als ein Kanonversuch, eine Anregung für den Leser. Für Schüler natürlich, für Erstleser, für Lebenslangleser, auch für den Wiederleser mit genauen oder ungenauen Reminiszenzen. Ein Gedichtbuch für die kleine Tasche.

Die Entscheidung für den Umfang des Taschenbuchs bestimmt die Auswahlkriterien. Es sollen die besten oder repräsentativen Stücke für einen Autor gefunden werden, so etwas wie ästhetische Qualität soll gelten. Es sollen aber auch charakteristische Themen und Ausdrucksformen der verschiedenen Epochen aufgenommen werden, der historische Prozeß von 12 Jahrhunderten soll erlebbar sein. Wenn sich dann zwischen den Epochen für den heutigen Leser Korrespondenzen und anregende Vergleichsmöglichkeiten einstellen, so erfüllt sich ein nicht unbeabsichtigter sekundärer Effekt. Auf manchen nur liebenswerten Vers mit eher ephemerem Thema muß verzichtet werden, leider auch auf das rein Spaßige. Schließlich kann die Auswahl aber keineswegs die Popularität außer acht lassen, auch nicht das didaktische Interesse: das »erwartete« Gedicht muß erscheinen – womit ja auch das wissenschaftlich zu Ehren gelangte Rezeptionsmotiv mit ins Spiel kommt. Sollte sich zu allem hier und da dennoch die Subjektivität des Herausgebers bemerkbar machen, so wäre dies gewissermaßen ein Überschuß. Denn Allgemeingültigkeit bildet das Maß. Daraus folgt auch, daß das Problem der menschlichen Existenz, Aussagen über den Menschen in der Welt, Motive wie Liebe und Tod, soziale Beziehungen, Gerechtigkeit, Glaube und Moral in dieser oder jener Zeit als Themen wohl überwiegen.

Die Anordnung der Texte geschieht chronologisch nach dem Geburtsjahr des Autors mit wenigen Abweichungen aus entstehungsgeschichtlichen oder inhaltlichen Gründen. Alt- und mittelhochdeutschen Gedichten sowie dem Latein des Mittelalters sind Lesehilfen mitgegeben. Kein Text ist gekürzt; jeder Abdruck sollte philologischen Ansprüchen standhalten. Der exakte Quellennachweis dient nicht zuletzt der Möglichkeit fortgesetzter Lektüre. Das jüngste aufgenommene Gedicht ist älter als zehn Jahre.

Wessobrunner Gebet

De Poeta

Dat gafregin ih mit firahim   firiuuizzo meista,
Dat ero ni uuas   noh ufhimil,
noh paum ⟨ . . . ⟩   noh pereg ni uuas,
ni ⟨ . . . ⟩ nohheinig   noh sunna ni scein,
noh mano ni liuhta,   noh der mareo seo.
Do dar niuuiht ni uuas   enteo ni uuenteo,
enti do uuas der eino   almahtico cot,
manno miltisto,   enti dar uuarun auh manake mit inan
cootlihhe geista.   enti cot heilac ⟨ . . . ⟩
Cot almahtico, du himil enti erda gauuorahtos, enti du
mannun so manac coot forgapi, forgip mir in dino ganada
rehta galaupa enti cotan uuilleon, uuistóm enti spahida enti
craft, tiuflun za uuidarstantanne enti arc za piuuisanne enti
dinan uuilleon za gauurchanne.

Von einem Dichter

Das habe ich als das größte Wunder erkannt bei den Menschen,
daß es nicht gab Erde noch Himmel,
noch Baum, daß es den Berg nicht gab,
kein einziger Stern schien, noch die Sonne,
es leuchtete nicht der Mond und nicht die glänzende See.
Als es da nichts gab, weder Endliches noch Unendliches,
gab es schon den einen, allmächtigen Gott,
den reichsten an Gnade, und da gab es auch schon manche
göttliche Geister. Und den heiligen Gott.
Gott, Allmächtiger, du hast Himmel und Erde erschaffen und den
Menschen so manches Gut gegeben, gib mir durch deine Gnade
rechten Glauben und guten Willen, Weisheit und Klugheit und
Kraft, den Teufeln zu widerstehen und das Böse zu meiden und
deinen Willen zu befolgen.

ANONYM

Dû bist mîn, ich bin dîn:
des solt dû gewis sîn.
dû bist beslozzen
in mînem herzen:
verlorn ist daz slüzzelîn:
dû muost immer drinne sîn.

DER VON KÜRENBERG

»Ich zôch mir einen valken   mêre danne ein jâr.
dô ich in gezamete   als ich in wolte hân
und ich im sîn gevidere   mit golde wol bewant,
er huop sich ûf vil hôhe   und floug in anderiu lant.

Sît sach ich den valken   schône fliegen:
er fuorte an sînem fuoze   sîdîne riemen,
und was im sîn gevidere   alrôt guldîn.
got sende si zesamene   die gerne geliep wellen sîn!«

HEINRICH VON MORUNGEN

Owê, – sol aber mir iemer mê

Owê, –
Sol aber mir iemer mê[1]
    geliuhten dur die naht
noch wîzer danne ein snê
    ir lîp vil wol geslaht[2]?
        Der trouc diu ougen mîn.
        ich wânde, ez solde sîn
        des liehten mânen schîn.
            Dô tagte ez.

»Owê, –
Sol aber er iemer mê
    den morgen hie betagen?
als uns diu naht engê,[3]
    daz wir niht durfen klagen:
        ›Owê, nu ist ez tac,‹
        als er mit klage pflac,
        dô er júngest bî mir lac.
            Dô tagte ez.«

Owê, –
Si kuste âne zal
    in dem slâfe mich.
dô vielen hin ze tal
    ir trehene nider sich.
        Iedoch getrôste ich sie,
        daz sî ir weinen lie
        und mich al umbevie.
            Dô tagte ez.

1 Soll mir niemals mehr wieder.
2 schön gewachsen.
3 wenn für uns die Nacht zu Ende geht.

>>Owê, –
Daz er sô dicke[4] sich
    bî mir ersehen hât!
als er endahte[5] mich,
    sô wolt er sunder wât[6]
        Mîn arme schouwen blôz.
        ez was ein wunder grôz,
        daz in des nie verdrôz.
            Dô tagte ez.«

WOLFRAM VON ESCHENBACH

>>Sîne klâwen
durch die wolken sint geslagen:
er stîget ûf mit grôzer kraft!

ich sich in grâwen
tegelîch als er wil tagen:[1]
den tac, der im geselleschaft[2]

erwenden[3] wil, dem werden[4] man,
den ich bî naht în verliez[5].
ich bringe in hinnen ob ich kan:[6]
sîn vil manigiu tugent mich daz leisten hiez.‹«

4 oft.
5 aufdeckte.
6 Gewand.
1 Ich sehe ihn grauen, taggleich, wie er tagen will.
2 Beisammensein (mit der Geliebten).
3 entreißen.
4 edlen.
5 einließ.
6 Ich bringe ihn wieder fort, wenn ich kann.

›Wahtær du singest
daz mir manige vröide nimt
unde mêret mîne klage.

mær du bringest
der mich leider niht gezimt
immer morgens gegen dem tage:

diu solt du mir verswîgen gar!
daz gebiut ich den triuwen dîn.
des lôn ich dir als ich getar[7] –
sô belîbet hie der geselle mîn.‹

»›Er muoz et hinnen
balde und âne sûmen sich.
nu gip im urloup, süezez wîp!

lâz in minnen
her nâch sô verholne dich,
daz er behalte êre und den lîp.

er gab sich mîner triuwen alsô
daz ich in bræhte ouch wider dan.
ez ist nu tac: naht was ez dô
mit drucken an die brüste dîn kus mir in an gewan[8].«

›Swaz dir gevalle
wahtær sinc und lâ den hie,
der minne brâht und minne enpfienc.

von dînem schalle
ist er und ich erschrocken ie.
sô ninder morgenstern ûf gienc

ûf in[9] der her nâch minne ist komen,
noch ninder lûhte tages lieht:

7 wie ich vermag.
8 mir ihn anvertraute
9 Wenn noch nicht der Morgenstern aufging über ihm.

du hâst in dicke mir benomen
von blanken armen – und ûz herzen niht.‹

Von den blicken,
die der tac tet durch diu glas,
und dô wahtære warnen sanc,

si muose erschricken
durch den der dâ bî ir was.
ir brüstlîn an brust si twanc,

der rîter ellens[10] niht vergaz
(des wold in wenden[11] wahtærs dôn).
urloup[12] nâh und nâher baz
mit kusse und anders gap in minne lôn.[13]

WALTHER VON DER VOGELWEIDE

Under der linden

›Under der linden
an der heide,
da unser zweier bette was,
da mugt ir vinden
schone beide
gebrochen bluomen unde gras
vor dem walde in einem tal;
    tandaradei,
schone sanc diu nahtegal.

---

10 *ellen:* Kraft, Mannesstärke.
11 davon wollte ihn abhalten.
12 Abschied.
13 gab ihnen der Liebe Erfüllung.

Ich kam gegangen
zuo der ouwe:
do was min friedel[1] komen e.
da wart ich enpfangen,
here frouwe,
daz ich bin sælic iemer me.
kuster mich? wol tusentstunt:
    tandaradei,
seht wie rot mir ist der munt.

Do het er gemachet
also riche
von bluomen eine bettestat.
des wirt noch gelachet
innecliche,
kumt iemen an daz selbe pfat.
bi den rosen er wol mac,
    tandaradei,
merken wa mirz houbet lac.

Daz er bi mir læge,
wessez iemen
(nu enwelle[2] got!), so schamt ich mich.
wes er mit mir pflæge,
niemer niemen
bevinde daz, wan er unt ich,
und ein kleinez vogellin:
    tandaradei,
daz mac wol getriuwe sin.‹

1 Geliebter.
2 wolle nicht.

Ir sult sprechen willekomen:
der iu mære bringet, daz bin ich.
allez daz ir habt vernomen,
daz ist gar ein wint[1]: nû frâget mich.
ich wil aber miete[2].
wirt mîn lôn iht guot,
ich gesage iu lîhte daz iu sanfte tuot.
seht waz man mir êren biete.

Ich wil tiuschen frowen sagen
solhiu mære daz si deste baz
al der werlte suln behagen:
âne grôze miete tuon ich daz.
waz wold ich ze lône?
si sint mir ze hêr[3]:
sô bin ich gefüege, und bite si nihtes mêr
wan daz si mich grüezen schône.

Ich hân lande vil gesehen
unde nam der besten gerne war:
übel müeze mir geschehen,
kunde ich ie mîn herze bringen dar
daz im wol gevallen
wolde fremeder site.
nû waz hulfe mich, ob ich unrehte strite?
tiuschiu zuht[4] gât vor in allen.

Von der Elbe unz an den Rîn
und her wider unz an Ungerlant
mugen wol die besten sîn,
die ich in der werlte hân erkant.

1 ein Nichts.
2 Botenlohn.
3 erhaben.
4 Lebensart, Bildung.

kan ich rehte schouwen[5]
guot gelâz unt lîp[6].
sem mir got, sô swüere ich wol daz hie diu wîp
bezzer sint danne ander frouwen.

Tiusche man sint wol gezogen,
rehte als engel sint diu wîp getân.
swer si schildet, derst betrogen:
ich enkan sîn anders niht verstân.
tugent und reine minne,
swer die suochen wil,
der sol komen in unser lant: da ist wünne[7] vil:
lange müeze ich lebe dar inne!

Der ich vil gedienet hân
und iemer mêre gerne dienen wil,
diust von mir vil unerlân:
iedoch sô tuot si leides mir sô vil.
si kan mir versêren
herze und den muot.
nû vergebez ir got dazs an mir missetuot[8].
her nâch mac si sichs bekêren.

Ich saz ûf eime steine,
und dahte bein mit beine:
dar ûf satzt ich den ellenbogen:
ich hete in mîne hant gesmogen
daz kinne und ein mîn wange.
dô dâhte ich mir vil ange,

---

5 beurteilen.
6 gutes Auftreten und Schönheit.
7 Herrlichkeit.
8 sündigt.

25

wie man zer welte[1] solte leben:
deheinen rât kond ich gegeben,
wie man driu dinc erwurbe,
der keines niht verdurbe.
diu zwei sint êre und varnde guot[2],
daz dicke ein ander schaden tuot:
daz dritte ist gotes hulde,
der zweier übergulde.
die wolte ich gerne in einen schrîn.
jâ leider desn mac niht gesîn,
daz guot und weltlich êre
und gotes hulde mêre
zesamene in ein herze komen.
stîg unde wege sint in benomen:
untriuwe ist in der sâze,[3]
gewalt vert ûf der strâze:
fride unde reht sint sêre wunt.
diu driu enhabent geleites niht, diu zwei
                        enwerden ê gesunt.[4]

Aus: CARMINA BURANA

O Fortuna,
velut luna
statu variabilis,
    semper crescis
    aut decrescis;
vita detestabilis

---

1 in dieser Welt.
2 Besitz.
3 Treulosigkeit lauert im Hinterhalt.
4 Die drei haben kein Geleit, ehe nicht diese beiden vorher genesen.

26

            nunc obdurat
            et tunc curat
ludo mentis aciem,
            egestatem,
            potestatem
dissolvit ut glaciem.

            Sors immanis
            et inanis,
rota tu volubilis,
            status malus,
            vana salus
semper dissolubilis,
            obumbrata
            et velata
michi quoque niteris;
            nunc per ludum
            dorsum nudum
fero tui sceleris.

            Sors salutis
            et virtutis
michi nunc contraria,
            est affectus
            et defectus
semper in angaria.
            hac in hora
            sine mora
corde pulsum tangite;
            quod per sortem
            sternit fortem,
mecum omnes plangite!

O Fortuna,
wie der Mond
von Wesen wechselhaft!
Stets nimmst du zu
und nimmst du ab,
schmählich, dein Treiben!
Jetzt macht sie dumpf,
dann stellt sie wieder her
im Spiel des Geistes Schärfe.
Bedürftigkeit,
Vermögen
läßt sie wie Eis zergehen.

Schreckliches Glück
und hohles,
kreisendes Rad du,
Mühsal,
eitles Wohlergehen,
allzeit vergängliches;
verdunkelt
und verschleiert
kommst du auch über mich,
durchs Spiel nun
deiner Übeltat
geh ich mit nacktem Rücken.

Heilbringend Glück
voll Wunderkraft,
jetzt feindlich mir;
das Wünschen
und Entbehren
ist in Bedrängnis stets.
Zur Stunde
ohne Verweilen
schlagt das Saitenspiel:
daß ihr Würfel
den Starken fällt,
wollt alle mit mir klagen!

In taberna quando sumus,
non curamus, quid sit humus,
sed ad ludum properamus,
cui semper insudamus.
quid agatur in taberna,
ubi nummus est pincerna,
hoc est opus, ut queratur,
sed quid loquar, audiatur.

Quidam ludunt, quidam bibunt,
quidam indiscrete vivunt.
sed in ludo qui morantur,
ex his quidam denudantur;
quidam ibi vestiuntur,
quidam saccis induuntur.
ibi nullus timet mortem,
sed pro Baccho mittunt sortem.

Primo pro nummata vini;
ex hac bibunt libertini.
sempel bibunt pro captivis,
post hec bibunt ter pro vivis,
quater pro Christianis cunctis,
quinquies pro fidelibus defunctis,
sexies pro sororibus vanis,
septies pro militibus silvanis.

Octies pro fratribus perversis,
novies pro monachis dispersis,
decies pro navigantibus,
undecies pro discordantibus,
duodecies pro penitentibus,
tredecies pro iter agentibus.
tam pro papa quam pro rege
bibunt omnes sine lege.

Bibit hera, bibit herus,
bibit miles, bibit clerus,
bibit ille, bibit illa,
bibit servus cum ancilla,
bibit velox, bibit piger,
bibit albus, bibit niger,
bibit constans, bibit vagus,
bibit rudis, bibit magus,

Bibit pauper et egrotus,
bibit exul et ignotus,
bibit puer, bibit canus,
bibit presul et decanus,
bibit soror, bibit frater,
bibit anus, bibit mater,
bibit ista, bibit ille,
bibunt centum, bibunt mille.

Parum durant sex nummate,
ubi ipsi immoderate
bibunt omnes sine meta,
quamvis bibant mente leta.
sic nos rodunt omnes gentes,
et sic erimus egentes.
qui nos rodunt, confundantur
et cum iustis non scribantur.

Wenn wir in der Schenke sitzen
kümmert uns nicht Staub und Erde,
nein, wir stürzen uns aufs Spiel,
dem wir unsern Schweiß stets widmen.
Was man im Wirtshaus treibt,
wo das Geld den Schenken macht,
dieses ist zu untersuchen.
Doch man höre, was ich sage.

Manche spielen, manche trinken,
manche führn sich schamlos auf.
Derer, die beim Spiele weilen,
werden manche ausgezogen.
Manche werden da bekleidet,
manchen Säcke angetan.
Dort hat keiner Angst vorm Tod,
doch um Bacchus würfeln sie.

Erstens um des Weins Bezahlung,
danach trinkt man ohne Zucht.
Einmal wird für die Gefangenen getrunken,
hinterher dann dreimal für die Lebenden,
zum vierten für die Christen alle,
zum fünften für die Abgeschiedenen im Glauben,
sechstens für die eitlen Schwestern,
siebtens für die Strauchritterschaft.

Zum achten für die verirrten Brüder,
zum neunten für die verlaufenen Mönche,
zum zehnten für die, die auf dem Meere fahren,
zum elften für die, die andrer Meinung sind,
zum zwölften für die Büßer,
zum dreizehnten für die, die unterwegs sind.
So für den Papst wie für den König
trinken alle ohne Schranken.

Es trinkt die Dame, trinkt der Herr,
es trinkt der Ritter, trinkt die Geistlichkeit,
trinkt jener, trinkt jene,
trinkt der Knecht mit der Magd,
trinkt der Flinke, trinkt der Träge,
trinkt der Weiße, trinkt der Schwarze,
trinkt der Seßhafte, trinkt der Fahrende,
trinkt der Dumme, trinkt der Weise.

Es trinkt der Arme und der Kranke,
trinkt der Fremdling und der Unbekannte,
trinkt der Knabe, trinkt der Greis,
trinkt der Bischof, der Dekan,
trinkt die Schwester, trinkt der Bruder,

trinkt die Alte, trinkt die Mutter,
trinkt diese, trinkt jene,
trinken hundert, trinken tausend.

Nicht lange reichen da sechs Münzen,
wo so ohne Maß
alle trinken, ohne Ziel,
freilich frohen Sinnes trinken.
So reden Übles von uns alle Leute,
und so sind wir bald bettelarm.
Die von uns Übles reden, solln zuschanden werden
»und mit den Gerechten nicht angeschrieben werden«.

ANONYME LIEDER DES 16. JAHRHUNDERTS

Graßliedlin

Ich hort ein sichellin rauschen /
wol rauschen durch das korn /
ich hort ein feine magt klagen /
sie het ir lieb verlorn.

La rauschen lieb la rauschen /
ich acht nit wie es get /
ich hab mir ein pulen erworben /
in feiel vnd grünen kle /
hastu ein buln erworben /
in feyel vnd grünen kle /
so ste ich hie alleine /
thut meinem hertzem we.

Jsbruck ich muß dich lassen

Jsbruck ich muß dich lassen /
ich far do hin mein strassen /
in fremde landt do hin /
mein freud ist mir genomen /
die ich nit weiß bekummen[1] /
wo ich im elend[2] bin.

Groß leid muß ich yetz tragen /
das ich allein thu klagen /
dem liebsten bůlen mein /
ach lieb nun laß mich armen /
im hertzen dein erbarmen /
das ich muß von dannen sein.

Meyn trost ob allen weyben /
dein thu ich ewig pleyben /
stet trew der eren frumm[3] /
nun muß dich Gott bewaren /
in aller thugent sparen[4] /
biß das ich wider kumm.

1 zurückgewinnen.
2 Fremde.
3 ehrenhaft.
4 erhalten.

Wje schön blůt vns der meyen

Wje schön blůt vns der meyen /
der sommer fert dohin[1]
Mir ist ein schön junckfrewlein /
gefallen in mein sin /
bey jr do wer mir wol /
wann ich nur an sie dencke /
mein hertz ist frewden vol.

Wenn ich des nachts lig schlaffen /
mein feins lieb kombt mir fůr[2]
wenn ich alß denn erwache /
bey mir ich niemants spůr /
bringt meinem hertzen peyn.
wôlt Got ich solt jr dienen /
wie môcht mir baß[3] gesein?

Bey jr do wer ich gern /
bey jr do wer mir wol /
sie ist mein morgen sterne /
gfelt mir im hertzen wol /
sie hat ein roten mund /
solt ich sie darauff kůssen /
mein hertz wirt mir gesund.

Wolt Gott ich solt jr wůnschen /
drey rosen auff aim zweyg.
solt ich auch trewlich warten /
auff jren graden leib[4]
wer meins hertzen frewdt. /
ich muß mich von dir scheiden /
alde mein schône meyd.

1 kommt heran.
2 erscheint mir.
3 besser.
4 auf ihr junges Leben.

MARTIN LUTHER

Der Psalm De profundis

Auß tieffer not schrey ich zu dir,
herr got erhör mein rüffen,
Dein gnedig oren ker zu mir
und meiner pit sie öffen.
Denn so du das wilt sehen an,
wie manche sündt ich hab gethan,
wer kan herr für dir bleyben.

Es steet bey deiner macht allain
die sünden zů vergeben,
Das dich fürcht beyde groß und klain
auch in dem besten leben.
Darumb auff got wil hoffen ich,
mein hertz auff jn sol lassen sich,
ich wil seins worts erharren.

Und ob es wert biß in die nacht
und wider an den morgen,
Doch sol mein hertz an Gottes macht
verzweyfeln nit noch sorgen.
So thů Israel rechter art,
der auß dem geyst erzeüget wardt
und seines gots erharre.

Ob bey uns ist der sünden vil,
bey Got ist vil mer gnaden,
Sein handt zů helffen hat kain zill,
wie groß auch sey der schaden.
Er ist allain der gůte hyrt,
der Israel erlösen wirt
auß seinen sünden allen.

35

Der XLVI. Psalm. *Deus noster refugium et virtus*[1]

Ein feste burg ist unser Gott,
Ein gute wehr und waffen.
Er hilfft uns frey aus aller not,
die uns jtzt hat betroffen.
Der alt böse feind
mit ernst ers jtzt meint,
gros macht und viel list
sein grausam rüstung ist,
auff erd ist nicht seins gleichen.

Mit unser macht ist nichts getan,
wir sind gar bald verloren,
Es streit für uns der rechte man,
den Gott hat selbs erkoren.
Fragstu wer der ist?
Er heist Jhesu Christ,
der Herr Zebaoth,
Und ist kein ander Gott,
das felt mus er behalten.

Und wenn die welt voll Teuffel wer
und wolt uns gar verschlingen,
So fürchten wir uns nicht so sehr,
Es sol uns doch gelingen.
Der Fürst dieser welt,
wie saur er sich stelt,
thut er uns doch nicht,
das macht er ist gericht,[2]
Ein wörtlein kan jn fellen.

Das wort[3] sie sollen lassen stan
und kein danck dazu haben,[4]

---

1 Gott ist unsere Zuversicht und Stärke.
2 über ihn ist geurteilt.
3 Das Wort Gottes, die Heilige Schrift.
4 ob sie wollen oder nicht.

Er ist bey uns wol auff dem plan
mit seinem geist und gaben.
Nemen sie den leib,
gut, ehr, kind und weib,
las faren dahin,
sie habens kein gewin,
das reich[5] mus uns doch bleiben.

ULRICH VON HUTTEN

Ain new lied herr Ulrichs von Hutten

Ich habs gewagt mit sinnen
und trag des noch kain rew,
mag ich nit dran gewinnen,
noch můß man spüren trew;
dar mit ich main   nit aim allain,[1]
wenn man es wolt erkennen:
dem land zů gůt,   wie wol man tůt
ain pfaffenfeind mich nennen.

Da laß ich ieden liegen[2]
und reden was er wil;
hett warhait ich geschwigen,
mir wären hulder[3] vil:
nun hab ichs gsagt,   bin drum verjagt,
das klag ich allen frummen,
wie wol noch ich   nit weiter fliech,
villeicht werd wider kummen.

5 das Reich Gottes.
1 wohl: dem Kaiser.
2 lügen.
3 geneigter, gewogener.

Umb gnad wil ich nit bitten,
die weil ich bin on schuld;
ich hett das recht gelitten,
so hindert ungeduld,
daß man mich nit nach altem sit
zů ghör hat kummen laßen;[4]
villeicht wils got und zwingt sie not
zů handlen diser maßen.

Nun ist oft diser gleichen
geschehen auch hie vor,
daß ainer von den reichen
ain gůtes spil verlor,
oft großer flam von fünklin kam,
wer waiß ob ichs werd rechen!
stat schon im lauf, so setz ich drauf:
můß gan oder brechen!

Dar neben mich zů trösten
mit gůtem gwißen hab,
daß kainer von den bösten
mir eer mag brechen ab
noch sagen daß uf ainig maß[5]
ich anders sei gegangen,
dann eren nach, hab dise sach
in gůtem angefangen.

Wil nun ir selbs nit raten
dis frumme nation,
irs schadens sich ergatten,
als ich vermanet han,
so ist mir laid; hie mit ich schaid,
wil mengen baß die karten,
bin unverzagt, ich habs gewagt
und wil des ends erwarten.

4 das Rechtsverfahren hat über mich ergehen lassen.
5 irgendwie.

Ob dann mir nach tůt denken
der curtisanen[6] list:
ain herz last sich nit krenken,
das rechter mainung ist;
ich waiß noch vil,   wöln auch ins spil
und soltens drüber sterben:
auf, landsknecht gůt   und reuters můt,
last Hutten nit verderben!

JACOB REGNART

Venus du vnd dein Kind /
seid alle beide blind /
vnd pflegt auch zu verblenden /
wer sich zu euch thut wenden /
wie ich wol hab erfaren /
in meinen jungen jaren.

Amor du Kindlein bloß /
Wem dein vergifftes Gschoß /
Das hertz ein mal berüret /
Der wird als bald verfüret /
Wie ich wol hab erfaren / etc.

Für nur ein Freud allein /
Gibstu vil tausent pein /
Für nur ein freundlichs schertzen /
Gibstu vil tausent schmertzen /
Wie ich wol hab erfaren / etc.

Drumb rath ich jederman /
Von lieb bald abzustahn /

6 hier: der geistlichen Fürsten und Beamten im Dienste der päpstlichen Kurie.

Dann nichts ist zuerjagen /
In Lieb / dann weh vnd klagen /
Das hab ich als erfaren /
In meinen jungen jaren.

FRIEDRICH SPEE

*Travvr-Gesang von der
noth Christi am Oelberg in
dem Garten*

Bey stiller nacht / zur ersten wacht
   Ein stimm sich gund zu klagen.
Ich nam in acht / waß die doch sagt;
   That hin mit augen schlagen.

Ein junges blut von sitten gut /
   Alleinig ohn geferdten /
In großer noth fast halber todt
   Im Garten lag auff Erden.

Es wahr der liebe Gottes-Sohn
   Sein haupt er hat in armen.
Viel weiß- vnd bleicher dan der Mon
   Eim stein es möcht erbarmen.

Ach Vatter / liebster Vatter mein
   Und muß den Kelch ich trincken?
Und mags dan ja nit anders sein?
   Mein Seel nit laß versincken.

Ach liebes kind / trinck auß geschwind;
   Dirs laß in trewen sagen:

Sey wol gesinnt / bald vberwind /
  Den handel mustu wagen.

Ach Vatter mein / vnd kans nit sein?
  Und muß ichs je dan wagen?
Wil trincken rein / den Kelch allein /
  Kan dirs ja nit versagen.

Doch sinn / vnd muth erschrecken thut /
  Sol ich mein leben lassen?
O bitter Tod! mein angst / vnd noth
  Ist vber alle massen.

Maria zart / Jungfräwlich art /
  Soltu mein schmertzen wissen;
Mein leiden hart zu dieser fahrt /
  Dein hertz wär schon gerissen.

Ach mutter mein / bin ja kein stein;
  Das hertz mir dörfft zerspringen:
Sehr große pein / muß nehmen ein /
  Mit todt / vnd marter ringen.

Adè / adè zu guter nacht
  Maria mutter mildte!
Ist niemand der dan mit mir wacht /
  In dieser wüsten wilde?

Ein Creutz mir für den augen schwebt /
  O wee der pein / vnd schmertzen!
Dran soll ich morgen wern erhebt /
  Daß greiffet mir zum hertzen.

Viel Ruthen / Geissel / Scorpion
  In meinen ohren sausen:
Auch kombt mir vor ein dörnen Cron;
  O Gott / wem wolt nit grausen!

Zu Gott ich hab geruffen zwar
   Auß tiefen todtes banden:
Dennoch ich bleib verlassen gar /
   Ist hilff noch trost vorhanden.

Der schöne Mon / wil vndergohn /
   Für leyd nit mehr mag scheinen.
Die sternen lan jhr glitzen stahn /
   Mit mir sie wollen weinen.

Kein vogel-sang / noch frewden-klang
   Man höret in den Lufften /
Die wilden thier / trawrn auch mit mir /
   In steinen / vnd in klufften.

MARTIN OPITZ

Ach liebste laß vns eilen /
   Wir haben Zeit /
Es schadet das verweilen
   Vns beyderseit.
Der Edlen schönheit Gaben
   Fliehn fuß für fuß:
Daß alles was wir haben
   Verschwinden muß.
Der Wangen Ziehr verbleichet /
   Das Haar wird greiß /
Der Augen Fewer weichet /
   Die Brunst wird Eiß.
Das Mündlein von Corallen
   Wird vngestalt /
Die Hånd' als Schnee verfallen /
   Vnd du wirst alt.

Drumb laß vns jetzt genießen
   Der Jugend Frucht /
Eh' als wir folgen müssen
   Der Jahre Flucht.
Wo du dich selber liebest /
   So liebe mich /
Gieb mir das wann du giebest
   Verlier auch ich.

Ich empfinde fast ein Grawen
Daß ich / Plato / für vnd für
Bin gesessen über dir;
Es ist Zeit hinauß zu schawen /
Vnd sich bey den frischen Quellen
In dem grünen zu ergehn /
Wo die schönen Blumen stehn /
Vnd die Fischer Netze stellen.
   Worzu dienet das studieren
Als zu lauter Vngemach?
Vnter dessen laufft die Bach
Vnsers Lebens das wir führen /
Ehe wir es inne werden /
Auff jhr letztes Ende hin /
Dann kömpt ohne Geist vnd Sinn
Dieses alles in die Erden.
   Hola / Junger / geh' vnd frage
Wo der beste Trunck mag seyn /
Nimb den Krug / vnd fülle wein.
Alles Trawren / Leid vnd Klage
Wie wir Menschen täglich haben
Eh' vns Clotho fort gerafft
Will ich in den süssen Safft
Den die Traube gibt vergraben.
   Kauffe gleichfals auch Melonen
Vnd vergieß deß Zuckers nicht;

43

Schawe nur daß nichts gebricht.
Jener mag der Heller schonen /
Der bey seinem Gold' vnd Schåtzen
Tolle sich zu krencken pflegt /
Vnd nicht satt zu Bette legt:
Ich wil weil ich kan mich letzen.
    Bitte meine gute Brůder
Auff die Music vnd ein Glaß:
Kein ding schickt sich / důnckt mich / baß /
Als ein Trunck vnd gute Lieder.
Laß' ich schon nicht viel zu erben /
Ey so hab ich edlen Wein;
Wil mit andern lustig seyn /
Wann ich gleich allein muß sterben.

FRIEDRICH VON LOGAU

Krieg vnd Friede

Die Welt hat Krieg gefůhrt weit über zwantzig Jahr
Numehr soll Friede seyn / soll werden wie es war;
Sie hat gekriegt um das / O lachens-werthe That!
Daß sie / eh sie gekriegt / zuvor besessen hat.

Glauben

Luthrisch / Påbstisch vnd Calvinisch / diese Glauben alle
                              drey
Sind verhanden; doch ist Zweiffel / wo das Christenthum
                              dann sey.

Ein vnruhig Gemůte

Ein Mühlstein / vnd ein Menschen-Hertz / wird stets herum
                                                    getrieben /
Wo beydes nicht zu reiben hat / wird beydes selbst
                                                    zerrieben.

Gerechtigkeit

Das Recht / schleust für die Armen sich in ein eisern Thor;
Schlag an mit gôldnem Hammer / so kůmstu balde vor.

Die Gelegenheit

Es mangelt nie Gelegenheit / was gutes zu verrichten:
Es mangelt nie Gelegenheit / was gutes zu vernichten.

Frage

Wie wilstu weisse Lilien / zu rothen Rosen machen?
Kůß eine weisse Galathe, sie wird errôthet lachen.

SIMON DACH

Horto recreamur amoeno[1]

1. Der habe Lust zu Würffeln und zu Karten /
   Der zu dem Tantz / und der zum kühlen Wein /
   Ich liebe nichts / als was in diesem Garten
   Mein Drangsals-trost und Kranckheit Artzt kan seyn /
   Ihr grünen Bäume /
   Du Blumen Zier /
   Ihr Hauß der Reyme
   Ihr zwinget mir
   Dieß Lied herfür.

2. Mir mangelt nur mein Spiel / die süsse Geige /
   Die würdig ist / daß sie mit Macht erschall' /
   Hie / wo das Laub und die begrünten Zweige
   Am Graben mich umbschatten überal /
   Hie wo von weiten
   Die Gegend lacht /
   Wo an der Seiten
   Der Wiesen Pracht
   Mich frölich macht.

3. Was mir gebricht an Geld und grossen Schätzen
   Muß mein Gemüht und dessen güldne Ruh
   Durch freyes Thun und Frölichkeit ersetzen /
   Die schleüsst vor mir das Hauß der Sorgen zu;
   Ich wil es geben
   Umb keine Welt
   Daß sich mein Leben
   Oft ohne Geld
   So frewdig hält.

1 Wir erholen uns im lieblichen Garten.

46

4. Gesetzt / daß ich den Erdenkreiß besesse /
   Und hätte nichts mit guter Lust gemein /
   Wann ich der Zeit in Angst und Furcht genösse /
   Was würd' es mir doch für ein Vortheil seyn?
   Weg mit dem allen /
   Was Unmuht bringt!
   Mir sol gefallen
   Was lacht und singt
   Und Frewd' erzwingt.

5. Ihr alten Bäum' / und ihr noch junge Pflantzen /
   Rings umb verwahrt vor aller Winde Stoß /
   Wo umb und umb sich Frewd' und Ruh verschantzen /
   Senckt alle Lust herab in meinen Schoß /
   Ihr solt imgleichen
   Durch dieß mein Lied /
   Auch nicht verbleichen
   So lang man Blüht
   Auf Erden sieht.

Perstet amicitiae semper venerabile Faedus![1]

1. Der Mensch hat nichts so eigen
   So wol steht ihm nichts an /
   Als daß Er Trew erzeigen
   Und Freundschafft halten kan;
   Wann er mit seines gleichen
   Soll treten in ein Band /
   Verspricht sich nicht zu weichen
   Mit Hertzen / Mund und Hand.

1 Der verehrungswürdige Freundschaftsbund bleibe immer bestehen!

2. Die Red' ist uns gegeben
   Damit wir nicht allein
   Vor uns nur sollen leben
   Und fern von Leuten seyn;
   Wir sollen uns befragen
   Und sehn auff guten Raht /
   Das Leid einander klagen
   So uns betretten hat.

3. Was kan die Frewde machen
   Die Einsamkeit verheelt?
   Das gibt ein duppelt Lachen
   Was Freunden wird erzehlt;
   Der kan sein Leid vergessen
   Der es von Hertzen sagt;
   Der muß sich selbst aufffressen
   Der in geheim sich nagt.

4. GOtt stehet mir vor allen /
   Die meine Seele liebt;
   Dann soll mir auch gefallen
   Der mir sich hertzlich giebt /
   Mit diesem Bunds-Gesellen
   Verlach' ich Pein und Noht /
   Geh' auff dem Grund der Hellen
   Und breche durch den Tod.

5. Ich hab' / ich habe Hertzen
   So trewe / wie gebührt /
   Die Heucheley und Schertzen
   Nie wissendlich berührt;
   Ich bin auch ihnen wieder
   Von grund der Seelen hold /
   Ich lieb' euch mehr / ihr Brüder /
   Als aller Erden Gold.

AUS DEM KÖNIGSBERGER DICHTERKREIS

Annchen von Tharau

Aus dem Samländischen übertragen von
Johann Gottfried Herder

Annchen von Tharau ist, die mir gefällt;
Sie ist mein Leben, mein Gut und mein Geld.

Annchen von Tharau hat wieder ihr Herz
Auf mich gerichtet in Lieb' und in Schmerz.

Annchen von Tharau, mein Reichthum, mein Gut,
Du meine Seele, mein Fleisch und mein Blut!

Käm' alles Wetter gleich auf uns zu schlahn,
Wir sind gesinnet bei einander zu stahn.

Krankheit, Verfolgung, Betrübniß und Pein
Soll unsrer Liebe Verknotigung seyn.

Recht als ein Palmenbaum über sich steigt,
Je mehr ihn Hagel und Regen anficht;

So wird die Lieb' in uns mächtig und groß
Durch Kreuz, durch Leiden, durch allerlei Noth.

Würdest du gleich einmal von mir getrennt,
Lebtest, da wo man die Sonne kaum kennt;

Ich will dir folgen durch Wälder, durch Meer,
Durch Eis, durch Eisen, durch feindliches Heer.

Annchen von Tharau, mein Licht, meine Sonn,
Mein Leben schließ' ich um deines herum.

Was ich gebiete, wird von dir gethan,
Was ich verbiete, das läst du mir stahn.

Was hat die Liebe doch für ein Bestand,
Wo nicht Ein Herz ist, Ein Mund, Eine Hand?

Wo man sich peiniget, zanket und schlägt,
Und gleich den Hunden und Kazen beträgt?

Annchen von Tharau, das woll'n wir nicht thun;
Du bist mein Täubchen, mein Schäfchen, mein Huhn.

Was ich begehre, ist lieb dir und gut;
Ich laß den Rock dir, du läßt mir den Hut!

Dies ist uns Annchen die süsseste Ruh,
Ein Leib und Seele wird aus Ich und Du.

Dies macht das Leben zum himmlischen Reich,
Durch Zanken wird es der Hölle gleich.

DANIEL VON CZEPKO

Spiele wohl!
Das Leben ein Schauspiel

Was ist dein Lebenslauff und Thun, o Mensch? ein Spiel.
Den Innhalt sage mir? Kinds, Weibs und Tods Beschwerde.
Was ist es vor ein Platz, darauff wir spieln? Die Erde.
Wer schlägt und singt dazu? Die Wollust ohne Ziel.

Wer heißt auff das Gerüst' uns treten? Selbst die Zeit.
Wer zeigt die Schauer mir? Mensch, das sind bloß die
                                      Weisen,
Was ist vor Stellung hier? Stehn, schlaffen, wachen, reisen,
  Wer theilt Gesichter aus? Allein die Eitelkeit.

Wer macht den Schau Platz auff? Der wunderbare Gott.
Was vor ein Vorhang deckts? Das ewige Versehen.
Wie wird es abgetheilt? Durch leben, sterben, flehen.
  Wer führt uns ab, wer zeucht uns Kleider aus? Der Tod.

Wo wird der Schluß erwartt des Spieles? in der Grufft.
Wer spielt am besten mit? Der wol sein Ammt kan führen.
Ist das Spiel vor sich gut? Das Ende muß es zieren.
  Wenn ist es aus? o Mensch! wenn dir dein JESUS rufft.

PAUL GERHARDT

Sommer-Gesang

1

Geh aus mein Hertz und suche Freud
In dieser lieben Sommerzeit
  An deines Gottes Gaben:
Schau an der schönen Garten-Zier /
Und siehe wie sie mir und dir
  Sich außgeschmücket haben.

2

Die Båume stehen voller Laub /
Das Erdreich decket seinen Staub /
   Mit einem grůnen Kleide:
Narcissus und die Tulipan
Die ziehen sich viel schőner an
   Als Salomonis Seyde.

3

Die Lerche schwingt sich in die Lufft /
Das Tåublein fleucht aus seiner kluft
   Und macht sich in die Wålder:
Die hochbegabte Nachtigall
Ergőtzt und fůllt mit ihrem Schall
   Berg / Hůgel / Thal und Felder.

4

Die Glukke fůhrt ihr Vőlcklein aus /
Der Storch baut und bewohnt sein Haus /
   Das Schwålblein speißt ihr Jungen:
Der schnelle Hirsch / das leichte Reh'
Ist froh und kommt aus seiner Hőh
   Ins tieffe Graß gesprungen.

5

Die Båchlein rauschen in dem Sand
Und mahlen sich und ihren Rand
   Mit schatten reichen Myrten:
Die Wiesen ligen hart dabey
Und klingen gantz von Lust-Geschrey
   Der Schaff und ihrer Hirten.

6

Die unverdroßne Bienenschaar
Zeucht hin und her / sucht hier und dar
   Ihr edle Honigspeise:
Des süssen Weinstocks starcker safft
Kriegt täglich neue stärck und krafft
   In seinem schwachen Reise.

7

Der Weitzen wåchset mit Gewalt
Darüber jauchtzet Jung und Alt /
   Und rühmt die grosse Güte
Deß / der so überflüßig labt'
Und mit so manchem Gut begabt
   Das Menschliche Gemüthe.

8

Ich selbsten kan und mag nicht ruhn:
Des grossen Gottes grosses Thun
   Erweckt mir alle Sinnen:
Ich singe mit / wenn alles singt /
Und lasse was dem höchsten klingt
   Aus meinem Hertzen rinnen.

9

Ach denck ich / bist du hier so schön /
Und läßst dus uns so lieblich gehn
   Auf dieser armen Erden:
Was wil doch wol nach dieser Welt
Dort in dem reichen Himmelszelt
   Und güldnem Schlosse werden?

10

Welch hohe Lust / welch heller Schein
Wird wol in Christi Garten seyn?
  Wie muß es da wol klingen /
Da so viel tausent Seraphim /
Mit eingestimmtem Mund und Stim
  Ihr Alleluja singen.

11

O wår ich da! o stůnd ich schon /
Ach sůsser Gott / fůr deinem Thron
  Und trůge meine Palmen;
So wolt' ich nach der Engel Weis
Erhôhen deines Namens Preis
  Mit tausent schônen Psalmen.

12

Doch wil ich gleichwol / weil ich noch
Hier trage dieses Leibes-Joch /
  Auch nicht gar stille schweigen:
Mein Hertze sol sich fort und fort /
An diesem und an allem Ort /
  Zu deinem Lobe neigen.

13

Hilf nur / und segne meinen Geist
Mit Segen / der von Himmel fleußt /
  Daß ich dir stetig blůhe:
Gib / daß der Sommer deiner Gnad'
In meiner Seelen frůh und spat
  Viel Glaubensfrůcht erziehe.

14

Mach in mir deinem Geiste Raum /
Daß ich dir werd' ein guter Baum /
  Und laß mich wol bekleiben:
Verleihe / daß zu deinem Ruhm
Ich deines Gartens schöne Blum
  Und Pflantze möge bleiben.

15

Erwehle mich zum Paradeis /
Und laß mich bis zur letzten Reis
  An Leib und Seele grünen:
So wil ich dir und deiner Ehr
Allein / und sonsten keinem mehr /
  Hier und dort Ewig dienen.

An das Angesicht des HErrn JEsu

1

O Haupt vol Blut und Wunden /
  Vol Schmertz und voller Hohn!
O Haupt zum Spott gebunden
  Mit einer Dornen Krohn!
O Haupt! sonst schön geziehret
  Mit höchster Ehr und Ziehr /
Itzt aber höchst schimpfiret /
  Gegrüsset seyst du mir.

2

Du edles Angesichte /
  Dafür sonst schrickt und scheut
Das grosse Welt-Gewichte /
  Wie bist du so bespeyt?

Wie bist du so erbleichet?
  Wer hat dein Augenlicht /
Dem sonst kein Licht nicht gleichet /
  So schändlich zugericht?

3

Die Farbe deiner Wangen /
  Der rothen Lippen Pracht
Ist hin / und gantz vergangen:
  Des blassen Todes Macht
Hat alles hingenommen /
  Hat alles hingerafft /
Und daher bist du kommen
  Von deines Leibes Krafft.

4

Nun was du / HErr erduldet /
  Ist alles meine Last:
Ich hab es selbst verschuldet
  Was du getragen hast.
Schau her / hier steh ich Armer /
  Der Zorn verdienet hat /
Gib mir / o mein Erbarmer /
  Den Anblick deiner Gnad.

5

Erkenne mich / mein Hüter /
  Mein Hirte nim mich an:
Von dir / Quell aller Güter /
  Ist mir viel guts gethan:
Dein Mund hat mich gelabet
  Mit Milch und süsser Kost /
Dein Geist hat mich begabet
  Mit mancher Himmels-Lust.

6

Ich wil hier bey dir stehen /
  Verachte mich doch nicht:
Von dir wil ich nicht gehen /
  Wann dir dein Hertze bricht /
Wann dein Haupt wird erblassen
  Im letzten Todesstoß /
Alsdann wil ich dich fassen
  In meinen Arm und Schooß.

7

Es dient zu meinen Freuden /
  Und kômmt mir hertzlich wol /
Wann ich in deinem Leyden /
  Mein Heyl / mich finden sol!
Ach môcht ich / O mein Leben /
  An deinem Creutze hier /
Mein Leben von mir geben!
  Wie wol geschehe mir!

8

Ich dancke dir von Hertzen /
  O Jesu / liebster Freund
Fûr deines Todes Schmertzen /
  Da dus so gut gemeint:
Ach gib / daß ich mich halte
  Zu dir und deiner Treu /
Und wann ich nun erkalte /
  In dir mein Ende sey.

9

Wann ich einmal sol scheiden /
  So scheide nicht von mir!
Wann ich den Tod sol leyden /
  So tritt du dann herfûr:

Wann mir am allerbångsten
    Wird umb das Hertze seyn:
So reiß mich aus den Aengsten /
    Krafft deiner Angst und Pein.

10

Erscheine mir zum Schilde /
    Zum Trost in meinem Tod /
Und laß mich sehn dein Bilde
    In deiner Creutzes-Not /
Da wil ich nach dir blicken /
    Da wil ich Glaubens vol
Dich fest an mein Hertz drůcken.
    Wer so stirbt / der stirbt wol.

PAUL FLEMING

An Sich

Sey dennoch unverzagt. Gieb dennoch unverlohren.
Weich keinem Glůcke nicht. Steh' hőher als der Neid.
Vergnůge dich an dir / und acht es fůr kein Leid /
hat sich gleich wieder dich Glůck' / Ort / und Zeit
                                        verschworen.
    Was dich betrůbt und labt / halt alles fůr erkohren.
Nim dein Verhångnůß an. Laß' alles unbereut.
Thu / was gethan muß seyn / und eh man dirs gebeut.
Was du noch hoffen kanst / das wird noch stets gebohren.
    Was klagt / was lobt man doch? Sein Unglůck und sein
                                        Glůcke

58

ist ihm ein ieder selbst. Schau alle Sachen an.
Diß alles ist in dir / laß deinen eiteln Wahn /
  und eh du förder gehst / so geh' in dich zu rücke.
Wer sein selbst Meister ist / und sich beherrschen kan /
dem ist die weite Welt und alles unterthan.

Herrn Pauli Flemingi der Med. Doct. Grabschrifft /
so er ihm selbst gemacht in Hamburg / den xxiix. Tag
deß Mertzens m. dc. xl. auff seinem Todtbette
drey Tage vor seinem seel: Absterben

Ich war an Kunst / und Gut / und Stande groß und reich.
Deß Glückes lieber Sohn. Von Eltern guter Ehren.
Frey; Meine. Kunte mich aus meinen Mitteln nehren.
Mein Schall floh überweit. Kein Landsmann sang mir gleich.
  Von reisen hochgepreist; für keiner Mühe bleich.
Jung / wachsam / unbesorgt. Man wird mich nennen hören /
Biß daß die letzte Glut diß alles wird verstören.
Diß / Deütsche Klarien / diß gantze danck' ich Euch.
  Verzeiht mir / bin ichs werth / Gott / Vater / Liebste /
                                              Freunde.
Ich sag' Euch gute Nacht / und trette willig ab.
Sonst alles ist gethan / biß an das schwartze Grab.
  Was frey dem Tode steht / das thu er seinem Feinde.
Was bin ich viel besorgt / den Othem auffzugeben?
An mir ist minder nichts / das lebet / als mein Leben.

ANDREAS GRYPHIUS

Abend

Der schnelle Tag ist hin / die Nacht schwingt ihre Fahn /
Vnd führt die Sternen auff. Der Menschen müde Scharen
Verlassen Feld und Werck / wo Thir und Vögel waren
   Traurt itzt die Einsamkeit. Wie ist die Zeit verthan!
Der Port naht mehr und mehr sich zu der Glider Kahn.
Gleich wie diß Licht verfil / so wird in wenig Jahren
Ich / du / und was man hat / und was man siht / hinfahren.
Diß Leben kömmt mir vor als eine Renne-Bahn.
Laß höchster Gott / mich doch nicht auff dem Lauffplatz
                                                gleiten /
Laß mich nicht Ach / nicht Pracht / nicht Lust nicht Angst
                                                verleiten!
   Dein ewig-heller Glantz sey vor und neben mir /
Laß / wenn der müde Leib entschläfft / die Seele wachen
Vnd wenn der letzte Tag wird mit mir Abend machen /
   So reiß mich aus dem Thal der Finsternüß zu dir.

Thränen des Vaterlandes

Anno 1636

Wir sind doch nunmehr gantz / ja mehr denn gantz
                                                verheeret!
   Der frechen Völcker Schaar / die rasende Posaun
   Das vom Blutt fette Schwerdt / die donnernde Carthaun /
Hat aller Schweiß / und Fleiß / und Vorrath auffgezehret.
Die Türme stehn in Glutt / die Kirch ist umgekehret.
   Das Rathauß ligt im Grauß / die Starcken sind zerhaun /
   Die Jungfern sind geschänd't / und wo wir hin nur schaun
Ist Feuer / Pest / und Tod / der Hertz und Geist durchfähret.

Hir durch die Schantz und Stadt / rinnt allzeit frisches
Blutt.
   Dreymal sind schon sechs Jahr / als unser Ströme Flutt /
Von Leichen fast verstopfft / sich langsam fort gedrungen.
   Doch schweig ich noch von dem / was ärger als der Tod /
Was grimmer denn die Pest / und Glutt und
Hungersnoth /
Das auch der Seelen Schatz / so vilen abgezwungen.

Menschliches Elende

Was sind wir Menschen doch? ein Wohnhauß grimmer
Schmertzen
   Ein Ball des falschen Glücks / ein Irrlicht diser Zeit.
   Ein Schauplatz herber Angst / besetzt mit scharffem Leid /
Ein bald verschmeltzter Schnee und abgebrante Kertzen.
Diß Leben fleucht davon wie ein Geschwätz und Schertzen.
   Die vor uns abgelegt des schwachen Leibes Kleid
   Vnd in das Todten-Buch der grossen Sterblikeit
Längst eingeschriben sind / sind uns aus Sinn und Hertzen.
   Gleich wie ein eitel Traum leicht aus der Acht hinfällt /
   Vnd wie ein Strom verscheust / den keine Macht auffhält:
So muß auch unser Nahm / Lob / Ehr und Ruhm
verschwinden /
   Was itzund Athem holt / muß mit der Lufft entflihn /
   Was nach uns kommen wird / wird uns ins Grab
nachzihn.
Was sag ich? wir vergehn wie Rauch von starcken Winden.

CHRISTIAN HOFMANN VON HOFMANNSWALDAU

Vergänglichkeit der schönheit

Es wird der bleiche tod mit seiner kalten hand
Dir endlich mit der zeit umb deine brüste streichen /
Der liebliche corall der lippen wird verbleichen;
   Der schultern warmer schnee wird werden kalter sand /
   Der augen süsser blitz / die kräffte deiner hand /
Für welchen solches fällt / die werden zeitlich weichen /
Das haar / das itzund kan des goldes glantz erreichen /
   Tilgt endlich tag und jahr als ein gemeines band.
Der wohlgesetzte fuß / die lieblichen gebärden /
Die werden theils zu staub / theils nichts und nichtig werden /
   Denn opfert keiner mehr der gottheit deiner pracht.
Diß und noch mehr als diß muß endlich untergehen /
Dein hertze kan allein zu aller zeit bestehen /
   Dieweil es die natur aus diamant gemacht.

Die Welt

Was ist die Lust der Welt? nichts als ein Fastnachtsspiel /
So lange Zeit gehofft / in kurtzer Zeit verschwindet /
   Da unsre Masquen uns nicht hafften / wie man wil /
Und da der Anschlag nicht den Ausschlag recht empfindet.
   Es gehet uns wie dem / der Feuerwercke macht /
Ein Augenblick verzehrt offt eines Jahres Sorgen;
   Man schaut wie unser Fleiß von Kindern wird verlacht /
Der Abend tadelt offt den Mittag und den Morgen.
   Wir Fluchen offt auf dis was gestern war gethan /
Und was man heute küst / mus morgen eckel heissen /
   Die Reimen die ich itzt geduldig lesen kan /
Die werd ich wohl vielleicht zur Morgenzeit zerreissen.
   Wir kennen uns / und dis / was unser ist / offt nicht /

Wir tretten unsern Kuß offt selbst mit steiffen Füssen /
    Man merckt / wie unser Wuntsch ihm selber
                                        wiederspricht /
Und wie wir Lust und Zeit als Sclaven dienen müssen.
    Was ist denn diese Lust und ihre Macht und Pracht?
Ein grosser Wunderball mit leichtem Wind erfüllet.
    Wohl diesem der sich nur dem Himmel dienstbar macht /
Weil aus dem Erdenkloß nichts als Verwirrung quillet.

JOHANN KLAJ

Hellgläntzendes Silber / mit welchem sich gatten
Der astigen Linden weitstreiffende Schatten /
Deine sanfftkühlend-beruhige Lust
                                        Ist jedem bewust.
Wie solten Kunstahmende Pinsel bemahlen
Die Blätter? die schirmen vor brennenden Strahlen /
Keiner der Stämme / so grünlich beziert /
                                        Die Ordnung verführt.
Es lisplen und wisplen die schlupfrigen Brunnen /
Von ihnen ist diese Begrünung gerunnen /
Sie schauren / betrauren und fürchten bereit
                                        Die schneyichte Zeit.

ANGELUS SILESIUS (JOHANNES SCHEFFLER)

Man weiß nicht was man ist

Jch weiß nicht was ich bin / Jch bin nicht was ich weiß:
Ein ding und nit ein ding: Ein stůpffchin und ein kreiß.

Ohne warumb

Die Ros' ist ohn warumb / sie blůhet weil sie blůhet /
Sie achtt nicht jhrer selbst / fragt nicht ob man sie sihet.

Zufall und Wesen

Mensch werde wesentlich: denn wann die Welt vergeht /
So fållt der Zufall weg / das wesen das besteht.

Jetzt mustu blůhen

Blůh auf gefrorner Christ / der Måy ist fůr der Thůr:
Du bleibest ewig Todt / blůhstu nicht jetzt und hier.

Miß dir doch ja nichts zu

Freund so du etwas bist / so bleib doch ja nicht stehn:
Man muß auß einem Licht fort in das andre gehn.

Dreyerlei Schlaff

Der Schlaff ist dreyerley; Der Sůnder schlåfft im Tod /
Der můd' in der Natur / und der verliebt' in Gott.

ANONYM

Willst du dein Herz mir schenken,
so fang' es heimlich an,
dass unser Beider Denken
Niemand errathen kann.
Die Liebe muss bei Beiden
allzeit verschwiegen sein,
drum schliess' die grössten Freuden
in deinem Herzen ein.

Behutsam sei und schweige,
und traue keiner Wand,
lieb' innerlich und zeige
dich aussen unbekannt.
Kein Argwohn musst du geben,
Verstellung nöthig ist,
genug, dass du, mein Leben,
der Treu' versichert bist.

Begehre keine Blicke
von meiner Liebe nicht,
der Neid hat viele Stricke
auf unser Thun gericht.
Du musst die Brust verschliessen,
halt' deine Neigung ein,
die Lust, die wir geniessen,
muß ein Geheimniss sein.

Zu frei sein, sich ergehen,
hat oft Gefahr gebracht,
man muss sich wohl verstehen,
weil ein falsch Auge wacht.
Du musst den Spruch bedenken,
den ich zuvor gethan:
willst du dein Herz mir schenken,
so fang' es heimlich an.

BARTHOLD HEINRICH BROCKES

Das Blümlein Vergißmeinnicht

An einem wallenden, kristallengleichen Bach,
Der allgemach
Die glatte Flut durch tausend Blumen lenkte
Und schlanke Binsen, Klee und Gras
Mit silberreinen Tropfen tränkte,
Saß ich an einem kleinen Hügel,
Bewunderte bald in der blauen Flut
Des Luftsaphirs saphirnen Spiegel,
Bald den smaragdnen Rahm' des Grases, dessen Grün
Der güldne Sonnenstrahl beschien,
Und fand von Kräutern, Gras und Klee
In so viel tausend schönen Blättern
Aus dieses Weltbuchs A B C
So viel, so schön gemalt, so rein gezogne Lettern,
Daß ich, dadurch gerührt, den Inhalt dieser Schrift
Begierig wünschte zu verstehn.
Ich konnt es überhaupt auch alsbald sehn
Und, daß er von des großen Schöpfers Wesen
Ganz deutlich handelte, ganz deutlich lesen.

Ein jedes Gräschen war mit Linien geziert,
Ein jedes Blatt war vollgeschrieben;
Denn jedes Äderchen, durchs Licht illuminiert,
Stellt' einen Buchstab vor. Allein,
Was eigentlich die Worte sein,
Blieb mir noch unbekannt,
Bis der Vergißmeinnicht fast himmelblauer Schein,
Der in dem holden Grünen strahlte
Und in dem Mittelpunkt viel güldne Striche malte,
Mir einen klaren Unterricht
Von dreien Worten gab, indem mich ihre Pracht
Auf die Gedanken bracht:

Da Gott in allem, was wir sehen,
Uns sein Allgegenwart und wie er alles liebet
So wunderbarlich zu verstehen,
So deutlich zu erkennen gibet;
So deucht mich, hör ich durchs Gesicht,
Daß in dem saubern Blümchen hier
Sowohl zu dir als mir
Der Schöpfer der Vergißmeinnicht selbst spricht:
Vergiß mein nicht!

Ephemeris

Ich seh' die kleinen Eulchen schweben,
Die man Ephemeris sonst heisst;
Die einen eintz'gen Tag nur leben.
Bey dem Geschöpfe denckt mein Geist:

    Wie flüchtig ist doch eure Zeit!
    Bey ihr scheint unsre fast ein Theil der Ewigkeit:
    Was Stunden bey uns sind, sind euch ja kaum Secunden:
    Was unsre Jahre sind, sind eure Viertel-Stunden.

Da aber dieses Thier, indem es munter flieget,
Dem Ansehn nach, vergnügt ist und sich freut;
So hat es, ungeacht't der kurtzen Lebens-Zeit,
Sich länger auf der Welt, als mancher Mensch, vergnüget.

JOHANN CHRISTIAN GÜNTHER

Abschied von seiner ungetreuen Liebsten

Wie gedacht,
Vor geliebt, jetzt ausgelacht.
Gestern in den Schoß gerissen,
Heute von der Brust geschmissen,
Morgen in die Gruft gebracht.
Wie gedacht,
Vor geliebt, jetzt ausgelacht.

Dieses ist
Aller Jungfern Hinterlist:
Viel versprechen, wenig halten;
Sie entzünden und erkalten
Öfters, eh ein Tag verfließt.
Dieses ist
Aller Jungfern Hinterlist.

Dein Betrug,
Falsche Seele, macht mich klug;
Keine soll mich mehr umfassen,
Keine soll mich mehr verlassen,
Einmal ist fürwahr genug.
Dein Betrug,
Falsche Seele, macht mich klug.

Denke nur,
Ungetreue Kreatur,
Denke, sag ich, nur zurücke
Und betrachte deine Tücke
Und erwäge deinen Schwur.
Denke nur,
Ungetreue Kreatur!

Hast du nicht
Ein Gewissen, das dich sticht,
Wenn die Treue meines Herzens,
Wenn die Größe meines Schmerzens
Deinem Wechsel widerspricht?
Hast du nicht
Ein Gewissen, das dich sticht?

Bringt mein Kuß
Dir so eilends Überdruß,
Ei so geh und küsse diesen,
Welcher dir sein Geld gewiesen,
Das dich wahrlich blenden muß,
Bringt mein Kuß
Dir so eilends Überdruß.

Bin ich arm,
Dieses macht mir wenig Harm;
Tugend steckt nicht in dem Beutel,
Gold und Schmuck macht nur die Scheitel,
Aber nicht die Liebe warm.
Bin ich arm,
Dieses macht mir wenig Harm.

Und wie bald
Mißt die Schönheit die Gestalt!
Rühmst du gleich von deiner Farbe,
Daß sie ihresgleichen darbe,
Auch die Rosen werden alt.
Und wie bald
Mißt die Schönheit die Gestalt!

Weg mit dir,
Falsches Herze, weg von mir!
Ich zerreiße deine Kette,
Denn die kluge Henriette
Stellet mir was Bessers für.
Weg mit dir,
Falsches Herze, weg von mir!

FRIEDRICH VON HAGEDORN

An eine Schläferin

Erwache, schöne Schläferin,
Falls dieser Kuß nicht zu bestrafen,
Doch wenn ich dir zu zärtlich bin,
Schlaf, oder scheine mir zu schlafen.

Die Unschuld, die nur halb erwacht,
Wann Lieb und Wollust sie erregen,
Hat öfters manchen Traum vollbracht,
Den Spröde sich zu wünschen pflegen.

Was du empfindest, ist ein Traum,
Doch kann ein Traum so schön betrügen?
Gibst du der Liebe selbst nicht Raum,
So laß dich dann ihr Bild vergnügen.

CHRISTIAN FÜRCHTEGOTT GELLERT

Der Schatz

Ein kranker Vater rief den Sohn.
Sohn! sprach er, um dich zu versorgen,
Hab ich vor langer Zeit einst einen Schatz verborgen;
Er liegt – – – Hier starb der Vater schon.
Wer war bestürzter als der Sohn?
Ein Schatz! (so waren seine Worte),
Ein Schatz! Allein an welchem Orte?
Wo find ich ihn? Er schickt nach Leuten aus,

70

Die Schätze sollen graben können,
Durchbricht der Scheuern harte Tennen,
Durchgräbt den Garten und das Haus,
Und gräbt doch keinen Schatz heraus.

Nach viel vergeblichem Bemühen
Heißt er die Fremden wieder ziehen,
Sucht selber in dem Hause nach,
Durchsucht des Vaters Schlafgemach,
Und findt mit leichter Müh (wie groß war sein Vergnügen!)
Ihn unter einer Diele liegen.

Vielleicht, daß mancher eh die Wahrheit finden sollte,
Wenn er mit mindrer Müh die Wahrheit suchen wollte.
Und mancher hätte sie wohl zeitiger entdeckt,
Wofern er nicht geglaubt, sie wäre tief versteckt.
Verborgen ist sie wohl; allein nicht so verborgen,
Daß du der finstern Schriften Wust,
Um sie zu sehn, mit tausend Sorgen,
Bis auf den Grund durchwühlen mußt.
Verlaß dich nicht auf fremde Müh,
Such selbst, such aufmerksam, such oft; du findest sie.
Die Wahrheit, lieber Freund, die alle nötig haben,
Die uns, als Menschen, glücklich macht,
Ward von der weisen Hand, die sie uns zugedacht,
Nur leicht verdeckt; nicht tief vergraben.

EWALD CHRISTIAN VON KLEIST

Geburtslied

Weh dir, daß du gebohren bist!
Das grosse Narrenhaus, die Welt,
Erwartet dich zu deiner Quaal.
Nicht Wissenschaft, nicht Tugend ist
Ein Bollwerk für der Bosheit Wuth,
Die dich bestürmen wird. Verdienst
Beleidiget die Majestät
Der Dummheit, und wird dir gewiß,
(Im Fall du dirs einmal erwirbst)
Ein Kerkerwerth Verbrechen seyn.
Der Schatten eines Fehlers wird,
Bey hundert deiner Tugenden,
Der Lästrung greulichstes Geschrey
Oft hinter dir erwecken. Wenn,
Voll edeln Zorns, du kühn die Stirn
Zum Lästrer kehrst, ist alles Ruh.
Ein Zeigefinger, der schon sinkt,
Ein Nickkopf[1] weis't dir kaum, was man
Begonnen. Schnell tönt hinter dir
Des Unsinns Stimme wiederum. –
Wenn du nicht wie ein Sturmwind sprichst,
Nicht säufst, wie da die Erde säuft,
Wo sich das Meer in Strudeln dreht;
Wenn kein Erdbeben deinen Leib
Zurütteln scheint, indem du zürnst:
So mangelts dir an Heldenmuth.
Und tanzest du den Phrynen nicht,
Von weiten, einen Reverenz:
So mangelts dir an grosser Welt.

1 Kopfnicken.

Wenn du nicht spielst, und viel gewinnst,
Bis der, mit dem du spielst, erwacht;
Wenn Wollust unter Rosen nicht
Dich in die geilen Arme schlingt:
So fehlt dir Witz! so fehlt dir Witz! –
Nichts, nichts als Thorheit wirst du sehn
Und Unglück. Ganze Länder fliehn,
Gejagt vom Feuermeer des Kriegs,
Vom bleichen Hunger und der Pest,
Des Kriegs Gesellen. Und die See
Ergießt sich wild; Verderben schwimmt
Auf ihren Wogen, und der Tod.
Ein unterirrdscher Donner brüllt,
Die Erd eröfnet ihren Schlund,
Begräbt in Flammen Feld und Wald,
Und was im Feld und Walde wohnt. –
Und fast kein tugendhafter Mann
Ist ohne Milzsucht, lahmem Fuß,
Und ohne Buckel oder Staar;
Ihn foltert Schwermuth, weil er lebt! –
Dieß alles wirst du sehn und mehr.

Allein du wirst auch die Natur
Voll sanfter Schönheit sehn. Das Meer,
Der Morgenröthe Spiegel, wird
Mit rothem Lichte dich erfreun,
Und rauschen dir Entzückung zu.
Und kühle Wälder werden dich
Verbergen, wenn die Sonne brennt,
In Nacht. Der Birken hangend Haar
Wird dich beschatten. Oft wirst du,
In blühnden Hecken eines Thals
Voll Ruh einhergehn, athmen Lust,
Und sehen einen Schmetterling
Auf jeder Blüth, in bunter Pracht,
Und den Fasan im Klee, der dir

Denselben Hals bald roth, bald braun,
Bald grün, im Glanz der Sonne, zeigt.
Auch Wiesen werden dich erfreun,
Mit Regenbögen ausgeschmückt,
Und in der Fluth ein Labyrinth
Von Blumen, und manch bunter Kranz,
Aus dessen Mitte Phöbus Bild,
Voll Strahlen, blitzt, und über dem
In holden Düften Zephyr schwärmt.
Die Lerche, die in Augen nicht,
Doch immer in den Ohren ist,
Singt aus den Wolken Freud herab,
Dir in die Brust. Auch Tugend ist
Noch nicht verschwunden aus der Welt,
Und *Friedrich* lebt, der sie belohnt,
Und sie ist selbst ihr reicher Lohn.
Mitleiden, Großmuth, Dankbarkeit,
Und Menschenlieb und Edelmuth
Wirkt Freud, und Freude nur ist Glück.
Fühl Tugenden, so fühlst du Glück! –
Und mancher Freund wird dich durch Witz
Und Liebe (wie mein ** mich)
Beseeligen, und seyn dein Trost,
Wenn Falschheit dein Verderben sucht.
Laß Neid und niedre Raben schreyn,
Und trinke du der Sonne Gluth,
Gleich einem Adler. Hülle dich
In deine Tugend, wenn es stürmt. –
Doch öfter lacht der Himmel dir;
Das Leben ist mehr Lust als Schmerz.
Wohl dir, daß du gebohren bist!

FRIEDRICH GOTTLIEB KLOPSTOCK

Der Zürchersee

Schön ist, Mutter Natur, deiner Erfindung Pracht
Auf die Fluren verstreut, schöner ein froh Gesicht,
Das den großen Gedanken
Deiner Schöpfung noch Einmal denkt.

Von des schimmernden Sees Traubengestaden her,
Oder, flohest du schon wieder zum Himmel auf,
Kom in röthendem Strale
Auf dem Flügel der Abendluft,

Kom, und lehre mein Lied jugendlich heiter seyn,
Süße Freude, wie du! gleich dem beseelteren
Schnellen Jauchzen des Jünglings,
Sanft, der fühlenden Fanny gleich.

Schon lag hinter uns weit Uto, an dessen Fuß
Zürch in ruhigem Thal freye Bewohner nährt;
Schon war manches Gebirge
Voll von Reben vorbeygeflohn.

Jetzt entwölkte sich fern silberner Alpen Höh,
Und der Jünglinge Herz schlug schon empfindender,
Schon verrieth es beredter
Sich der schönen Begleiterin.

»Hallers Doris«, die sang, selber des Liedes werth,
Hirzels Daphne, den Kleist innig wie Gleim liebt;
Und wir Jünglinge sangen,
Und empfanden, wie Hagedorn.

Jetzo nahm uns die Au in die beschattenden
Kühlen Arme des Walds, welcher die Insel krönt;

Da, da kamest du, Freude!
Volles Maßes auf uns herab!

Göttin Freude, du selbst! dich, wir empfanden dich!
Ja, du warest es selbst, Schwester der Menschlichkeit,
Deiner Unschuld Gespielin,
Die sich über uns ganz ergoß!

Süß ist, fröhlicher Lenz, deiner Begeistrung Hauch,
Wenn die Flur dich gebiert, wenn sich dein Odem sanft
In der Jünglinge Herzen,
Und die Herzen der Mädchen gießt.

Ach du machst das Gefühl siegend, es steigt durch dich
Jede blühende Brust schöner, und bebender,
Lauter redet der Liebe
Nun entzauberter Mund durch dich!

Lieblich winket der Wein, wenn er Empfindungen,
Beßre sanftere Lust, wenn er Gedanken winkt,
Im sokratischen Becher
Von der thauenden Ros' umkränzt;

Wenn er dringt bis ins Herz, und zu Entschließungen,
Die der Säufer verkennt, jeden Gedanken weckt,
Wenn er lehret verachten,
Was nicht würdig des Weisen ist.

Reizvoll klinget des Ruhms lockender Silberton
In das schlagende Herz, und die Unsterblichkeit
Ist ein großer Gedanke,
Ist des Schweisses der Edlen werth!

Durch der Lieder Gewalt, bey der Urenkelin
Sohn und Tochter noch seyn; mit der Entzückung Ton
Oft beym Namen genennet,
Oft gerufen vom Grabe her,

Dann ihr sanfteres Herz bilden, und, Liebe, dich,
Fromme Tugend, dich auch gießen ins sanfte Herz,
Ist, beym Himmel! nicht wenig!
Ist des Schweisses der Edlen werth!

Aber süßer ist noch, schöner und reizender,
In dem Arme des Freunds wissen ein Freund zu seyn!
So das Leben genießen,
Nicht unwürdig der Ewigkeit!

Treuer Zärtlichkeit voll, in den Umschattungen,
In den Lüften des Walds, und mit gesenktem Blick
Auf die silberne Welle,
That ich schweigend den frommen Wunsch:

Wäret ihr auch bey uns, die ihr mich ferne liebt,
In des Vaterlands Schooß einsam von mir verstreut,
Die in seligen Stunden
Meine suchende Seele fand;

O so bauten wir hier Hütten der Freundschaft uns!
Ewig wohnten wir hier, ewig! Der Schattenwald
Wandelt' uns sich in Tempe,
Jenes Thal in Elysium!

Die frühen Gräber

Willkommen, o silberner Mond,
Schöner, stiller Gefährt der Nacht!
Du entfliehst? Eile nicht, bleib, Gedankenfreund!
Sehet, er bleibt, das Gewölk wallte nur hin.

Des Mayes Erwachen ist nur
Schöner noch, wie die Sommernacht,
Wenn ihm Thau, hell wie Licht, aus der Locke träuft,
Und zu dem Hügel herauf röthlich er kömt.

77

Ihr Edleren, ach es bewächst
Eure Maale schon ernstes Moos!
O wie war glücklich ich, als ich noch mit euch
Sahe sich röthen den Tag, schimmern die Nacht.

GOTTHOLD EPHRAIM LESSING

Auf den Tod eines Affen

Hier liegt er nun, der kleine, liebe Pavian,
Der uns so manches nachgetan!
Ich wette, was er itzt getan,
Tun wir ihm alle nach, dem lieben Pavian.

Auf Lucinden

Sie hat viel Welt, die muntere Lucinde.
Durch nichts wird sie mehr rot gemacht.
Zweideutigkeit und Schmutz und Schand und Sünde,
Sprecht was ihr wollt: sie winkt euch zu, und lacht.
Erröte wenigstens, Lucinde,
Daß nichts dich mehr erröten macht!

Die große Welt

Die Waage gleicht der großen Welt:
Das Leichte steigt, das Schwere fällt.

GOTTLIEB CONRAD PFEFFEL

Jost

Von seinem milden Landesvater
Durch Frohnen abgezehrt, lag Jost
Auf faulem Moos. Ein frommer Pater
Gab in dem letzten Kampf ihm Trost:
Bald, sprach er, wird euch Gott entbinden
Vom Joch, das euch so hart gedrückt:
Die Ruhe, die euch nie beglückt,
Freund, werdet ihr im Himmel finden.
Ach, Herr! rief Jost, so dumpf und hohl
Wie aus dem Grab, wer kann das wissen?
Wir armen Bauren werden wohl
Im Himmel frohnweis donnern müssen.

CHRISTIAN FRIEDRICH DANIEL SCHUBART

Die Fürstengruft

Da liegen sie, die stolzen Fürstentrümmer,
    Ehmals die Gözen ihrer Welt!
Da liegen sie, vom fürchterlichen Schimmer
    Des blassen Tags erhellt!

Die alten Särge leuchten in der dunklen
    Verwesungsgruft, wie faules Holz,
Wie matt die grosen Silberschilde funklen!
    Der Fürsten lezter Stolz.

Entsezen packt den Wandrer hier am Haare,
  Geußt Schauer über seine Haut,
Wo Eitelkeit, gelehnt an eine Bahre,
  Aus hohlen Augen schaut.

Wie fürchterlich ist hier des Nachhalls Stimme!
  Ein Zehentritt stöhrt seine Ruh.
Kein Wetter Gottes spricht mit lautrem Grimme:
  O Mensch, wie klein bist du!

Denn ach! hier liegt der edle Fürst! der Gute!
  Zum Völkerseegen einst gesandt,
Wie der, den Gott zur Nationenruthe
  Im Zorn zusammenband.

An ihren Urnen weinen Marmorgeister;
  Doch kalte Thränen nur von Stein,
Und lachend grub – vielleicht ein welscher Meister,
  Sie einst dem Marmor ein.

Da liegen Schädel mit verloschnen Blicken,
  Die ehmals hoch herabgedroht,
Der Menschheit Schrecken! – Denn an ihrem Nicken
  Hieng Leben oder Tod.

Nun ist die Hand herabgefault zum Knochen,
  Die oft mit kaltem Federzug
Den Weisen, der am Thron zu laut gesprochen,
  In harte Fesseln schlug.

Zum Todtenbein ist nun die Brust geworden,
  Einst eingehüllt in Goldgewand,
Daran ein Stern und ein entweihter Orden,
  Wie zween Kometen stand.

Vertrocknet und verschrumpft sind die Kanäle,
  Drinn geiles Blut, wie Feuer floß,
Das schäumend Gift der Unschuld in die Seele,
  Wie in den Körper goß.

Sprecht Höflinge, mit Ehrfurcht auf der Lippe,
  Nun Schmeichelei'n in's taube Ohr! –
Beräuchert das durchlauchtige Gerippe
  Mit Weihrauch, wie zuvor!

Es steht nicht auf, euch Beifall zuzulächeln,
  Und wihert keine Zoten mehr,
Damit geschminkte Zofen ihn befächeln,
  Schaamlos und geil, wie er.

Sie liegen nun, den eisern Schlaf zu schlafen,
  Die Menschengeisseln unbetraurt!
Im Felsengrab, verächtlicher als Sklaven,
  In Kerker eingemaurt.

Sie, die im ehrnen Busen niemals fühlten
  Die Schrecken der Religion,
Und Gottgeschaffne, bessre Menschen hielten
  Für Vieh, bestimmt zur Frohn;

Die das Gewissen jenem mächt'gen Kläger,
  Der alle Schulden niederschreibt,
Durch Trommelschlag, durch welsche Trillerschläger
  Und Jagdlerm übertäubt;

Die Hunde nur und Pferd' und fremde Dirnen
  Mit Gnade lohnten, und Genie
Und Weisheit darben liessen; denn das Zürnen
  Der Geister schreckte sie.

Die liegen nun in dieser Schauergrotte
  Mit Staub und Würmern zugedeckt,
So stumm! so ruhmlos! – Noch von keinem Gotte
  In's Leben aufgeweckt.

Weckt sie nur nicht mit eurem bangen Aechzen
  Ihr Schaaren, die sie arm gemacht,
Verscheucht die Raben, daß von ihrem Krächzen
  Kein Wüthrich hier erwacht!

Hier klatsche nicht des armen Landmanns Peitsche,
  Die Nachts das Wild vom Acker scheucht!
An diesem Gitter weile nicht der Deutsche,
  Der sich vorüberkeucht!

Hier heule nicht der bleiche Waisenknabe,
  Dem ein Tirann den Vater nahm;
Nie fluche hier der Krippel an dem Stabe,
  Von fremdem Solde lahm.

Damit die Quäler nicht zu früh erwachen;
  Seid menschlicher, erweckt sie nicht.
Ha! früh genug wird über ihnen krachen,
  Der Donner am Gericht.

Wo Todesengel nach Tirannen greifen,
  Wenn sie im Grimm der Richter weckt,
Und ihre Greu'l zu einem Berge häufen,
  Der flammend sie bedeckt.

Ihr aber, bessre Fürsten, schlummert süsse
  Im Nachtgewölbe dieser Gruft!
Schon wandelt euer Geist im Paradiese,
  Gehüllt in Blüthenduft.

Jauchzt nur entgegen jenem grosen Tage,
  Der aller Fürsten Thaten wiegt,
Wie Sternenklang tönt euch des Richters Wage,
  Drauf eure Tugend liegt.

Ach, unterm Lispel eurer frohen Brüder –
  Ihr habt sie satt und froh gemacht,
Wird eure volle Schaale sinken nieder,
  Wenn ihr zum Lohn erwacht.

Wie wird's euch seyn, wenn ihr vom Sonnenthrone
  Des Richters Stimme wandeln hört:
»Ihr Brüder, nehmt auf ewig hin die Krone,
  Ihr seid zu herrschen werth.«

MATTHIAS CLAUDIUS

Der Mensch

Empfangen und genähret
  Vom Weibe wunderbar
Kömmt er und sieht und höret,
  Und nimmt des Trugs nicht wahr;
Gelüstet und begehret,
  Und bringt sein Tränlein dar;
Verachtet, und verehret,
  Hat Freude, und Gefahr;
Glaubt, zweifelt, wähnt und lehret,
  Hält Nichts, und Alles wahr;
Erbauet, und zerstöret;
  Und quält sich immerdar;
Schläft, wachet, wächst, und zehret;
  Trägt braun und graues Haar etc.
Und alles dieses währet,
  Wenn's hoch kommt, achtzig Jahr.
Dann legt er sich zu seinen Vätern nieder,
Und er kömmt nimmer wieder.

Abendlied

Der Mond ist aufgegangen
Die goldnen Sternlein prangen
  Am Himmel hell und klar;
Der Wald steht schwarz und schweiget,
Und aus den Wiesen steiget
  Der weiße Nebel wunderbar.

Wie ist die Welt so stille,
Und in der Dämmrung Hülle
  So traulich und so hold!
Als eine stille Kammer,
Wo ihr des Tages Jammer
  Verschlafen und vergessen sollt.

Seht ihr den Mond dort stehen? –
Er ist nur halb zu sehen,
  Und ist doch rund und schön!
So sind wohl manche Sachen,
Die wir getrost belachen,
  Weil unsre Augen sie nicht sehn.

Wir stolze Menschenkinder
Sind eitel arme Sünder
  Und wissen gar nicht viel;
Wir spinnen Luftgespinste
Und suchen viele Künste
  Und kommen weiter von dem Ziel.

Gott, laß uns dein Heil schauen,
Auf nichts Vergänglichs trauen,
  Nicht Eitelkeit uns freun!
Laß uns einfältig werden
Und vor dir hier auf Erden
  Wie Kinder fromm und fröhlich sein!

*

Wollst endlich sonder Grämen
Aus dieser Welt uns nehmen
    Durch einen sanften Tod!
Und, wenn du uns genommen,
Laß uns in Himmel kommen,
    Du unser Herr und unser Gott!

So legt euch denn, ihr Brüder,
In Gottes Namen nieder;
    Kalt ist der Abendhauch.
Verschon uns, Gott! mit Strafen,
Und laß uns ruhig schlafen!
    Und unsern kranken Nachbar auch!

Kriegslied

's ist Krieg! 's ist Krieg! O Gottes Engel wehre,
    Und rede du darein!
's ist leider Krieg – und ich begehre
    Nicht schuld daran zu sein!

Was sollt ich machen, wenn im Schlaf mit Grämen
    Und blutig, bleich und blaß,
Die Geister der Erschlagnen zu mir kämen,
    Und vor mir weinten, was?

Wenn wackre Männer, die sich Ehre suchten,
    Verstümmelt und halb tot
Im Staub sich vor mir wälzten, und mir fluchten
    In ihrer Todesnot?

Wenn tausend tausend Väter, Mütter, Bräute,
    So glücklich vor dem Krieg,
Nun alle elend, alle arme Leute,
    Wehklagten über mich?

Wenn Hunger, böse Seuch' und ihre Nöten
  Freund, Freund und Feind ins Grab
Versammleten, und mir zu Ehren krähten
  Von einer Leich herab?

Was hülf mir Kron' und Land und Gold und Ehre?
  Die könnten mich nicht freun!
's ist leider Krieg – und ich begehre
  Nicht schuld daran zu sein!

Der Tod

Ach, es ist so dunkel in des Todes Kammer,
  Tönt so traurig, wenn er sich bewegt
Und nun aufhebt seinen schweren Hammer
  Und die Stunde schlägt.

Die Liebe

Die Liebe hemmet nichts; sie kennt nicht Tür noch Riegel
  Und dringt durch alles sich;
Sie ist ohn' Anbeginn, schlug ewig ihre Flügel,
  Und schlägt sie ewiglich.

GOTTFRIED AUGUST BÜRGER

An die Menschengesichter

Ich habe was Liebes, das hab ich zu lieb;
Was kann ich, was kann ich dafür?
Drum sind mir die Menschengesichter nicht hold:
Doch spinn ich ja leider nicht Seide, noch Gold,
Ich spinne nur Herzeleid mir.

Auch mich hat was Liebes im Herzen zu lieb;
Was kann es, was kann es fürs Herz?
Auch ihm sind die Menschengesichter nicht hold:
Doch spinnt es ja leider nicht Seide noch Gold,
Es spinnt sich nur Elend und Schmerz.

Wir seufzen und sehnen, wir schmachten uns nach,
Wir sehnen und seufzen uns krank.
Die Menschengesichter verargen uns das;
Sie reden, sie tun uns bald dies und bald das,
Und schmieden uns Fessel und Zwang.

Wenn ihr für die Leiden der Liebe was könnt,
Gesichter, so gönnen wir's euch.
Wenn wir es nicht können, so irr' es euch nicht!
Wir können, ach leider! wir können es nicht,
Nicht für das mogolische Reich!

Wir irren und quälen euch andre ja nicht;
Wir quälen ja uns nur allein.
Drum, Menschengesichter, wir bitten euch sehr,
Drum laßt uns gewähren, und quält uns nicht mehr,
O laßt uns gewähren allein!

Was dränget ihr euch um die Kranken herum,
Und scheltet und schnarchet sie an?

Von Schelten und Schnarchen genesen sie nicht.
Man liebet ja Tugend, man übet ja Pflicht;
Doch keiner tut mehr, als er kann.

Die Sonne, sie leuchtet; sie schattet, die Nacht;
Hinab will der Bach, nicht hinan;
Der Sommerwind trocknet; der Regen macht naß;
Das Feuer verbrennet. – Wie hindert ihr das? –
O laßt es gewähren, wie's kann!

Es hungert den Hunger, es dürstet den Durst;
Sie sterben von Nahrung entfernt.
Naturgang wendet kein Aber und Wenn. –
O Menschengesichter, wie zwinget ihr's denn,
Daß Liebe zu lieben verlernt?

LUDWIG CHRISTOPH HEINRICH HÖLTY

Der alte Landmann an seinen Sohn

Üb immer Treu und Redlichkeit,
   Bis an dein kühles Grab;
Und weiche keinen Finger breit
   Von Gottes Wegen ab.
Dann wirst du, wie auf grünen Aun,
   Durchs Pilgerleben gehn;
Dann kannst du, sonder Furcht und Graun,
   Dem Tod ins Auge sehn.

Dann wird die Sichel und der Pflug
   In deiner Hand so leicht;
Dann singest du, beim Wasserkrug,
   Als wär dir Wein gereicht.

Dem Bösewicht wird alles schwer,
  Er tue was er tu!
Der Teufel treibt ihn hin und her,
  Und läßt ihm keine Ruh!

Der schöne Frühling lacht ihm nicht,
  Ihm lacht kein Ährenfeld;
Er ist auf Lug und Trug erpicht,
  Und wünscht sich nichts als Geld.
Der Wind im Hain, das Laub am Baum,
  Saust ihm Entsetzen zu;
Er findet, nach des Lebens Traum,
  Im Grabe keine Ruh.

Dann muß er, in der Geisterstund,
  Aus seinem Grabe gehn;
Und oft, als schwarzer Kettenhund,
  Vor seiner Haustür stehn.
Die Spinnerinnen, die das Rad
  Im Arm, nach Hause gehn,
Erzittern wie ein Espenblatt,
  Wenn sie ihn liegen sehn.

Und jede Spinnestube spricht
  Von diesem Abenteur,
Und wünscht den toten Bösewicht
  Ins tiefste Höllenfeur.
Der alte Kunz war, bis ans Grab,
  Ein rechter Höllenbrand;
Er pflügte seinem Nachbar ab,
  Und stahl ihm vieles Land.

Nun pflügt er, als ein Feuermann,
  Auf seines Nachbars Flur;
Und mißt das Feld, hinab hinan,
  Mit einer glühnden Schnur.

Er brennet, wie ein Schober Stroh,
  Dem glühnden Pfluge nach;
Und pflügt, und brennet lichterloh,
  Bis an den hellen Tag.

Der Amtmann, der im Weine floß,
  Die Bauren schlug halbkrumm,
Trabt nun, auf einem glühnden Roß,
  In jenem Wald herum.
Der Pfarrer, der aufs Tanzen schalt,
  Und Filz und Wuchrer war,
Steht nun, als schwarze Spukgestalt,
  Am nächtlichen Altar.

Üb immer Treu und Redlichkeit,
  Bis an dein kühles Grab,
Und weiche keinen Finger breit
  Von Gottes Wegen ab.
Dann suchen Enkel deine Gruft,
  Und weinen Tränen drauf,
Und Sommerblumen, voll von Duft,
  Blühn aus den Tränen auf.

Ihr Freunde hänget, wann ich gestorben bin

Ihr Freunde hänget, wann ich gestorben bin,
Die kleine Harfe hinter dem Altar auf,
  Wo an der Wand die Totenkränze
    Manches verstorbenen Mädchens schimmern.

Der Küster zeigt dann freundlich dem Reisenden
Die kleine Harfe, rauscht mit dem roten Band,
  Das, an der Harfe festgeschlungen,
    Unter den goldenen Saiten flattert.

FRIEDRICH LEOPOLD GRAF ZU STOLBERG

Lied auf dem Wasser zu singen, für meine Agnes

Mitten im Schimmer der spiegelnden Wellen
Gleitet wie Schwäne der wankende Kahn;
Ach, auf der Freude sanftschimmernden Wellen
Gleitet die Seele dahin wie der Kahn;
Denn von dem Himmel herab auf die Wellen
Tanzet das Abendrot rund um den Kahn.

Über den Wipfeln des westlichen Haines
Winket uns freundlich der rötliche Schein;
Unter den Zweigen des östlichen Haines
Säuselt der Kalmus im rötlichen Schein;
Freude des Himmels und Ruhe des Haines
Atmet die Seel im errötenden Schein.

Ach es entschwindet mit tauigem Flügel
Mir auf den wiegenden Wellen die Zeit.
Morgen entschwinde mit schimmerndem Flügel
Wieder wie gestern und heute die Zeit,
Bis ich auf höherem strahlenden Flügel
Selber entschwinde der wechselnden Zeit.

JOHANN GAUDENZ VON SALIS-SEEWIS

Lied zu singen bei einer Wasserfahrt

Wir ruhen, vom Wasser gewiegt,
Im Kreise vertraulich und enge;
Durch Eintracht wie Blumengehänge
Verknüpft und in Reihen gefügt;
Uns sondert von lästiger Menge
Die Flut, die den Nachen umschmiegt.

So gleiten, im Raume vereint,
Wir auf der Vergänglichkeit Wellen,
Wo Freunde sich innig gesellen
Zum Freunde, der redlich es meint!
Getrost, weil die dunkelsten Stellen
Ein Glanz aus der Höhe bescheint.

Ach! trüg' uns die fährliche Flut
Des Lebens so friedlich und leise!
O drohte nie Trennung dem Kreise,
Der, sorglos um Zukunft, hier ruht!
O nähm' uns am Ziele der Reise
Elysiums Busen in Hut!

Verhallen mag unser Gesang,
Wie Flötenhauch schwinden das Leben:
Mit Jubel und Seufzern verschweben
Des Daseins zerfließender Klang!
Der Geist wird verklärt sich erheben,
Wenn Lethe sein Fahrzeug verschlang.

JAKOB MICHAEL REINHOLD LENZ

An die Sonne

Seele der Welt, unermüdete Sonne!
Mutter der Liebe, der Freuden, des Weins!
Ach, ohne dich erstarret die Erde
Und die Geschöpfe in Traurigkeit.
Und wie kann ich, von deinem Einfluß
Hier allein beseelt und beseligt,
Ach, wie kann ich den Rücken dir wenden!

Wärme, Milde! Mein Vaterland
Mit deinem süßesten Strahl! Nur laß mich,
Ach, ich flehe, hier dir näher,
Nah wie der Adler dir bleiben.

JOHANN WOLFGANG GOETHE

Willkommen und Abschied

Es schlug mein Herz; geschwind zu Pferde!
Es war getan, fast eh gedacht;
Der Abend wiegte schon die Erde,
Und an den Bergen hing die Nacht:
Schon stand im Nebelkleid die Eiche
Ein aufgetürmter Riese da,
Wo Finsternis aus dem Gesträuche
Mit hundert schwarzen Augen sah.

Der Mond von einem Wolkenhügel
Sah kläglich aus dem Duft hervor,
Die Winde schwangen leise Flügel,
Umsausten schauerlich mein Ohr;
Die Nacht schuf tausend Ungeheuer,
Doch frisch und fröhlich war mein Mut:
In meinen Adern welches Feuer!
In meinem Herzen welche Glut!

Dich sah ich, und die milde Freude
Floß von dem süßen Blick auf mich;
Ganz war mein Herz an deiner Seite
Und jeder Atemzug für dich.
Ein rosenfarbnes Frühlingswetter
Umgab das liebliche Gesicht,
Und Zärtlichkeit für mich – Ihr Götter!
Ich hofft es, ich verdient es nicht!

Doch ach schon mit der Morgensonne
Verengt der Abschied mir das Herz:
In deinen Küssen, welche Wonne!
In deinem Auge, welcher Schmerz!
Ich ging, du standst und sahst zur Erden
Und sahst mir nach mit nassem Blick:
Und doch, welch Glück, geliebt zu werden!
Und lieben, Götter, welch ein Glück!

Ganymed

Wie im Morgenglanze
Du rings mich anglühst,
Frühling, Geliebter!
Mit tausendfacher Liebeswonne
Sich an mein Herz drängt
Deiner ewigen Wärme
Heilig Gefühl,
Unendliche Schöne!

Daß ich dich fassen möcht
In diesen Arm!

Ach an deinem Busen
Lieg ich, schmachte,
Und deine Blumen, dein Gras
Drängen sich an mein Herz.
Du kühlst den brennenden
Durst meines Busens,
Lieblicher Morgenwind!
Ruft drein die Nachtigall
Liebend nach mir aus dem Nebeltal.

Ich komm, ich komme!
Wohin? Ach, wohin?

Hinauf! Hinauf strebts.
Es schweben die Wolken
Abwärts, die Wolken
Neigen sich der sehnenden Liebe.
Mir! Mir!
In euerm Schoße
Aufwärts!
Umfangend umfangen!
Aufwärts an deinen Busen,
Alliebender Vater!

Prometheus

Bedecke deinen Himmel, Zeus,
Mit Wolkendunst
Und übe, dem Knaben gleich,
Der Disteln köpft,
An Eichen dich und Bergeshöhn;
Mußt mir meine Erde
Doch lassen stehn
Und meine Hütte, die du nicht gebaut,
Und meinen Herd,
Um dessen Glut
Du mich beneidest.

Ich kenne nichts Ärmeres
Unter der Sonn, als euch, Götter!
Ihr nähret kümmerlich
Von Opfersteuern
Und Gebetshauch
Eure Majestät,
Und darbtet, wären
Nicht Kinder und Bettler
Hoffnungsvolle Toren.

Da ich ein Kind war,
Nicht wußte, wo aus noch ein,
Kehrt ich mein verirrtes Auge
Zur Sonne, als wenn drüber wär
Ein Ohr, zu hören meine Klage,
Ein Herz wie meins,
Sich des Bedrängten zu erbarmen.

Wer half mir
Wider der Titanen Übermut?
Wer rettete vom Tode mich,
Von Sklaverei?

Hast du nicht alles selbst vollendet,
Heilig glühend Herz?
Und glühtest jung und gut,
Betrogen, Rettungsdank
Dem Schlafenden da droben?

Ich dich ehren? Wofür?
Hast du die Schmerzen gelindert
Je des Beladenen?
Hast du die Tränen gestillet
Je des Geängsteten?
Hat nicht mich zum Manne geschmiedet
Die allmächtige Zeit
Und das ewige Schicksal,
Meine Herrn und deine?

Wähntest du etwa,
Ich sollte das Leben hassen,
In Wüsten fliehen,
Weil nicht alle
Blütenträume reiften?

Hier sitz ich, forme Menschen
Nach meinem Bilde,
Ein Geschlecht, das mir gleich sei,
Zu leiden, zu weinen,
Zu genießen und zu freuen sich,
Und dein nicht zu achten
Wie ich!

Auf dem See

Und frische Nahrung, neues Blut
Saug ich aus freier Welt;
Wie ist Natur so hold und gut,
Die mich am Busen hält!
Die Welle wieget unsern Kahn
Im Rudertakt hinauf,
Und Berge, wolkig himmelan,
Begegnen unserm Lauf.

Aug, mein Aug, was sinkst du nieder?
Goldne Träume, kommt ihr wieder?
Weg, du Traum! so Gold du bist;
Hier auch Lieb und Leben ist.

Auf der Welle blinken
Tausend schwebende Sterne,
Weiche Nebel trinken
Rings die türmende Ferne,
Morgenwind umflügelt
Die beschattete Bucht,
Und im See bespiegelt
Sich die reifende Frucht.

An den Mond

Füllest wieder Busch und Tal
Still mit Nebelglanz,
Lösest endlich auch einmal
Meine Seele ganz;

Breitest über mein Gefild
Lindernd deinen Blick,
Wie des Freundes Auge mild
Über mein Geschick.

Jeden Nachklang fühlt mein Herz
Froh- und trüber Zeit,
Wandle zwischen Freud und Schmerz
In der Einsamkeit.

Fließe, fließe, lieber Fluß!
Nimmer werd ich froh,
So verrauschte Scherz und Kuß,
Und die Treue so.

Ich besaß es doch einmal,
Was so köstlich ist!
Daß man doch zu seiner Qual
Nimmer es vergißt!

Rausche, Fluß, das Tal entlang,
Ohne Rast und Ruh,
Rausche, flüstre meinem Sang
Melodien zu,

Wenn du in der Winternacht
Wütend überschwillst,
Oder um die Frühlingspracht
Junger Knospen quillst.

Selig, wer sich vor der Welt
Ohne Haß verschließt,
Einen Freund am Busen hält
Und mit dem genießt,

Was, von Menschen nicht gewußt
Oder nicht bedacht,
Durch das Labyrinth der Brust
Wandelt in der Nacht.

Der Fischer

Das Wasser rauscht', das Wasser schwoll,
Ein Fischer saß daran,
Sah nach dem Angel ruhevoll,
Kühl bis ans Herz hinan.
Und wie er sitzt und wie er lauscht,
Teilt sich die Flut empor;
Aus dem bewegten Wasser rauscht
Ein feuchtes Weib hervor.

Sie sang zu ihm, sie sprach zu ihm:
Was lockst du meine Brut
Mit Menschenwitz und Menschenlist
Hinauf in Todesglut?
Ach wüßtest du, wie 's Fischlein ist
So wohlig auf dem Grund,
Du stiegst herunter, wie du bist,
Und würdest erst gesund.

Labt sich die liebe Sonne nicht,
Der Mond sich nicht im Meer?
Kehrt wellenatmend ihr Gesicht
Nicht doppelt schöner her?
Lockt dich der tiefe Himmel nicht,
Das feuchtverklärte Blau?
Lockt dich dein eigen Angesicht
Nicht her in ewgen Tau?

Das Wasser rauscht', das Wasser schwoll,
Netzt' ihm den nackten Fuß;
Sein Herz wuchs ihm so sehnsuchtsvoll,
Wie bei der Liebsten Gruß.
Sie sprach zu ihm, sie sang zu ihm;
Da wars um ihn geschehn:
Halb zog sie ihn, halb sank er hin,
Und ward nicht mehr gesehn.

Erlkönig

Wer reitet so spät durch Nacht und Wind?
Es ist der Vater mit seinem Kind;
Er hat den Knaben wohl in dem Arm,
Er faßt ihn sicher, er hält ihn warm.

Mein Sohn, was birgst du so bang dein Gesicht? –
Siehst, Vater, du den Erlkönig nicht?
Den Erlenkönig mit Kron und Schweif? –
Mein Sohn, es ist ein Nebelstreif.

»Du liebes Kind, komm, geh mit mir!
Gar schöne Spiele spiel ich mit dir,
Manch bunte Blumen sind an dem Strand,
Meine Mutter hat manch gülden Gewand.«

Mein Vater, mein Vater, und hörest du nicht,
Was Erlenkönig mir leise verspricht? –
Sei ruhig, bleibe ruhig, mein Kind;
In dürren Blättern säuselt der Wind.

»Willst, feiner Knabe, du mit mir gehn?
Meine Töchter sollen dich warten schön;
Meine Töchter führen den nächtlichen Reihn,
Und wiegen und tanzen und singen dich ein.«

Mein Vater, mein Vater, und siehst du nicht dort
Erlkönigs Töchter am düstern Ort? –
Mein Sohn, mein Sohn, ich seh es genau;
Es scheinen die alten Weiden so grau.

»Ich liebe dich, mich reizt deine schöne Gestalt;
Und bist du nicht willig, so brauch ich Gewalt.« –
Mein Vater, mein Vater, jetzt faßt er mich an!
Erlkönig hat mir ein Leids getan! –

Dem Vater grauset's, er reitet geschwind,
Er hält in Armen das ächzende Kind,
Erreicht den Hof mit Mühe und Not;
In seinen Armen das Kind war tot.

Der Zauberlehrling

Hat der alte Hexenmeister
Sich doch einmal wegbegeben!
Und nun sollen seine Geister
Auch nach meinem Willen leben.
Seine Wort und Werke
Merkt ich und den Brauch,
Und mit Geistesstärke
Tu ich Wunder auch.

Walle! walle
Manche Strecke,
Daß, zum Zwecke,
Wasser fließe
Und mit reichem, vollem Schwalle
Zu dem Bade sich ergieße.

Und nun komm, du alter Besen!
Nimm die schlechten Lumpenhüllen;
Bist schon lange Knecht gewesen;
Nun erfülle meinen Willen!
Auf zwei Beinen stehe,
Oben sei ein Kopf,
Eile nun und gehe
Mit dem Wassertopf!

Walle! walle
Manche Strecke,
Daß, zum Zwecke,

Wasser fließe
Und mit reichem, vollem Schwalle
Zu dem Bade sich ergieße.

Seht, er läuft zum Ufer nieder;
Wahrlich! ist schon an dem Flusse,
Und mit Blitzesschnelle wieder
Ist er hier mit raschem Gusse.
Schon zum zweitenmale!
Wie das Becken schwillt!
Wie sich jede Schale
Voll mit Wasser füllt!

Stehe! stehe!
Denn wir haben
Deiner Gaben
Vollgemessen! –
Ach, ich merk es! Wehe! wehe!
Hab ich doch das Wort vergessen!

Ach das Wort, worauf am Ende
Er das wird, was er gewesen.
Ach, er läuft und bringt behende!
Wärst du doch der alte Besen!
Immer neue Güsse
Bringt er schnell herein,
Ach! und hundert Flüsse
Stürzen auf mich ein.

Nein, nicht länger
Kann ichs lassen;
Will ihn fassen.
Das ist Tücke!
Ach! nun wird mir immer bänger!
Welche Miene! welche Blicke!

Oh, du Ausgeburt der Hölle!
Soll das ganze Haus ersaufen?
Seh ich über jede Schwelle
Doch schon Wasserströme laufen.
Ein verruchter Besen,
Der nicht hören will!
Stock, der du gewesen,
Steh doch wieder still!

Willsts am Ende
Gar nicht lassen?
Will dich fassen,
Will dich halten,
Und das alte Holz behende
Mit dem scharfen Beile spalten.

Seht, da kommt er schleppend wieder!
Wie ich mich nur auf dich werfe,
Gleich, o Kobold, liegst du nieder;
Krachend trifft die glatte Schärfe.
Wahrlich! brav getroffen!
Seht, er ist entzwei!
Und nun kann ich hoffen,
Und ich atme frei!

Wehe! wehe!
Beide Teile
Stehn in Eile
Schon als Knechte
Völlig fertig in die Höhe!
Helft mir, ach! ihr hohen Mächte!

Und sie laufen! Naß und nässer
Wirds im Saal und auf den Stufen.
Welch entsetzliches Gewässer!
Herr und Meister! hör mich rufen! –

Ach da kommt der Meister!
Herr, die Not ist groß!
Die ich rief, die Geister,
Werd ich nun nicht los.

　　»In die Ecke,
　　Besen! Besen!
　　Seids gewesen.
　　Denn als Geister
　　Ruft euch nur, zu seinem Zwecke,
　　Erst hervor der alte Meister.«

Grenzen der Menschheit

Wenn der uralte
Heilige Vater
Mit gelassener Hand
Aus rollenden Wolken
Segnende Blitze
Über die Erde sät,
Küß ich den letzten
Saum seines Kleides,
Kindliche Schauer
Treu in der Brust.

Denn mit Göttern
Soll sich nicht messen
Irgend ein Mensch.
Hebt er sich aufwärts
Und berührt
Mit dem Scheitel die Sterne,
Nirgends haften dann
Die unsichern Sohlen,
Und mit ihm spielen
Wolken und Winde.

Steht er mit festen
Markigen Knochen
Auf der wohlgegründeten
Dauernden Erde,
Reicht er nicht auf,
Nur mit der Eiche
Oder der Rebe
Sich zu vergleichen.

Was unterscheidet
Götter von Menschen?
Daß viele Wellen
Vor jenen wandeln,
Ein ewiger Strom:
Uns hebt die Welle,
Verschlingt die Welle,
Und wir versinken.

Ein kleiner Ring
Begrenzt unser Leben,
Und viele Geschlechter
Reihen sich dauernd
An ihres Daseins
Unendliche Kette.

Mignon

Kennst du das Land, wo die Zitronen blühn,
Im dunkeln Laub die Gold-Orangen glühn,
Ein sanfter Wind vom blauen Himmel weht,
Die Myrte still und hoch der Lorbeer steht,
Kennst du es wohl?
             Dahin! Dahin
Möcht ich mit dir, o mein Geliebter, ziehn.

Kennst du das Haus? Auf Säulen ruht sein Dach,
Es glänzt der Saal, es schimmert das Gemach,
Und Marmorbilder stehn und sehn mich an:
Was hat man dir, du armes Kind, getan?
Kennst du es wohl?
                    Dahin! Dahin
Möcht ich mit dir, o mein Beschützer, ziehn.

Kennst du den Berg und seinen Wolkensteg?
Das Maultier sucht im Nebel seinen Weg;
In Höhlen wohnt der Drachen alte Brut;
Es stürzt der Fels und über ihn die Flut –
Kennst du ihn wohl?
                    Dahin! Dahin
Geht unser Weg! o Vater, laß uns ziehn!

Wandrers Nachtlied

Über allen Gipfeln
Ist Ruh,
In allen Wipfeln
Spürest du
Kaum einen Hauch;
Die Vögelein schweigen im Walde.
Warte nur, balde
Ruhest du auch.

Gefunden

Ich ging im Walde
So für mich hin,
Und nichts zu suchen,
Das war mein Sinn.

Im Schatten sah ich
Ein Blümchen stehn,
Wie Sterne leuchtend,
Wie Äuglein schön.

Ich wollt es brechen,
Da sagt' es fein:
Soll ich zum Welken
Gebrochen sein?

Ich grubs mit allen
Den Würzlein aus,
Zum Garten trug ichs
Am hübschen Haus.

Und pflanzt es wieder
Am stillen Ort;
Nun zweigt es immer
Und blüht so fort.

Selige Sehnsucht

Sagt es niemand, nur den Weisen,
Weil die Menge gleich verhöhnet,
Das Lebendge will ich preisen,
Das nach Flammentod sich sehnet.

In der Liebesnächte Kühlung,
Die dich zeugte, wo du zeugtest,
Überfällt dich fremde Fühlung,
Wenn die stille Kerze leuchtet.

Nicht mehr bleibest du umfangen
In der Finsternis Beschattung,
Und dich reißet neu Verlangen
Auf zu höherer Begattung.

Keine Ferne macht dich schwierig,
Kommst geflogen und gebannt,
Und zuletzt, des Lichts begierig,
Bist du Schmetterling verbrannt.

Und so lang du das nicht hast,
Dieses: Stirb und werde!
Bist du nur ein trüber Gast
Auf der dunklen Erde.

Urworte. Orphisch

ΔAIMΩN, Dämon

Wie an dem Tag, der dich der Welt verliehen,
Die Sonne stand zum Gruße der Planeten,
Bist alsobald und fort und fort gediehen,
Nach dem Gesetz, wonach du angetreten.
So mußt du sein, dir kannst du nicht entfliehen,
So sagten schon Sibyllen, so Propheten;
Und keine Zeit und keine Macht zerstückelt
Geprägte Form, die lebend sich entwickelt.

TYXH, das Zufällige

Die strenge Grenze doch umgeht gefällig
Ein Wandelndes, das mit und um uns wandelt;
Nicht einsam bleibst du, bildest dich gesellig,
Und handelst wohl, so wie ein andrer handelt:
Im Leben ists bald hin-, bald widerfällig,
Es ist ein Tand und wird so durchgetandelt.
Schon hat sich still der Jahre Kreis geründet,
Die Lampe harrt der Flamme, die entzündet.

EΡΩΣ, Liebe

Die bleibt nicht aus! – Er stürzt vom Himmel nieder,
Wohin er sich aus alter Öde schwang,
Er schwebt heran auf luftigem Gefieder
Um Stirn und Brust den Frühlingstag entlang,
Scheint jetzt zu fliehn, vom Fliehen kehrt er wieder,
Da wird ein Wohl im Weh, so süß und bang.
Gar manches Herz verschwebt im Allgemeinen,
Doch widmet sich das edelste dem Einen.

ΑΝΑΓΚΗ, Nötigung

Da ists denn wieder, wie die Sterne wollten:
Bedingung und Gesetz, und aller Wille
Ist nur ein Wollen, weil wir eben sollten,
Und vor dem Willen schweigt die Willkür stille;
Das Liebste wird vom Herzen weggescholten,
Dem harten Muß bequemt sich Will und Grille.
So sind wir, scheinfrei, denn nach manchen Jahren
Nur enger dran, als wir am Anfang waren.

ΕΛΠΙΣ, Hoffnung

Doch solcher Grenze, solcher ehrnen Mauer
Höchst widerwärtge Pforte wird entriegelt,
Sie stehe nur mit alter Felsendauer!
Ein Wesen regt sich leicht und ungezügelt:
Aus Wolkendecke, Nebel, Regenschauer
Erhebt sie uns, mit ihr, durch sie beflügelt,
Ihr kennt sie wohl, sie schwärmt durch alle Zonen;
Ein Flügelschlag – und hinter uns Äonen!

Um Mitternacht

Um Mitternacht ging ich, nicht eben gerne,
Klein-kleiner Knabe, jenen Kirchhof hin
Zu Vaters Haus, des Pfarrers; Stern am Sterne,
Sie leuchteten doch alle gar zu schön:
    Um Mitternacht.

Wenn ich dann ferner in des Lebens Weite
Zur Liebsten mußte, mußte, weil sie zog,
Gestirn und Nordschein über mir im Streite,
Ich gehend, kommend Seligkeiten sog:
    Um Mitternacht.

Bis dann zuletzt des vollen Mondes Helle
So klar und deutlich mir ins Finstere drang,
Auch der Gedanke willig, sinnig, schnelle
Sich ums Vergangne wie ums Künftige schlang:
    Um Mitternacht.

Der Bräutigam

Um Mitternacht, ich schlief, im Busen wachte
Das liebevolle Herz, als wär es Tag;
Der Tag erschien, mir war, als ob es nachte,
Was ist es mir, so viel er bringen mag.

Sie fehlte ja; mein emsig Tun und Streben,
Für sie allein ertrug ichs durch die Glut
Der heißen Stunde; welch erquicktes Leben
Am kühlen Abend! lohnend wars und gut.

Die Sonne sank, und Hand in Hand verpflichtet
Begrüßten wir den letzten Segensblick,
Und Auge sprach, ins Auge klar gerichtet,
Von Osten, hoffe nur, sie kommt zurück!

Um Mitternacht! der Sterne Glanz geleitet
Im holden Traum zur Schwelle, wo sie ruht.
O sei auch mir dort auszuruhn bereitet,
Wie es auch sei das Leben, es ist gut!

Vermächtnis

Kein Wesen kann zu Nichts zerfallen!
Das Ewige regt sich fort in allen,
Am Sein erhalte dich beglückt!
Das Sein ist ewig, denn Gesetze
Bewahren die lebendigen Schätze,
Aus welchen sich das All geschmückt.

Das Wahre war schon längst gefunden,
Hat edle Geisterschaft verbunden;
Das alte Wahre, faß es an!
Verdank es, Erdensohn, dem Weisen,
Der ihr, die Sonne zu umkreisen,
Und dem Geschwister wies die Bahn.

Sofort nun wende dich nach innen,
Das Zentrum findest du da drinnen,
Woran kein Edler zweifeln mag.
Wirst keine Regel da vermissen;
Denn das selbstständige Gewissen
Ist Sonne deinem Sittentag.

Den Sinnen hast du dann zu trauen;
Kein Falsches lassen sie dich schauen,
Wenn dein Verstand dich wach erhält.
Mit frischem Blick bemerke freudig,
Und wandle sicher wie geschmeidig
Durch Auen reich begabter Welt.

Genieße mäßig Füll und Segen;
Vernunft sei überall zugegen,
Wo Leben sich des Lebens freut.
Dann ist Vergangenheit beständig,
Das Künftige voraus lebendig,
Der Augenblick ist Ewigkeit.

Und war es endlich dir gelungen,
Und bist du vom Gefühl durchdrungen:
Was fruchtbar ist, allein ist wahr –
Du prüfst das allgemeine Walten,
Es wird nach seiner Weise schalten,
Geselle dich zur kleinsten Schar.

Und wie von alters her, im Stillen,
Ein Liebewerk nach eignem Willen
Der Philosoph, der Dichter schuf,
So wirst du schönste Gunst erzielen:
Denn edlen Seelen vorzufühlen
Ist wünschenswertester Beruf.

FRIEDRICH SCHILLER

Das verschleierte Bild zu Sais

Ein Jüngling, den des Wissens heißer Durst
Nach Sais in Ägypten trieb, der Priester
Geheime Weisheit zu erlernen, hatte
Schon manchen Grad mit schnellem Geist durcheilt,
Stets riß ihn seine Forschbegierde weiter,
Und kaum besänftigte der Hierophant
Den ungeduldig Strebenden. »Was hab ich,
Wenn ich nicht alles habe?« sprach der Jüngling.

»Gibts etwa hier ein Weniger und Mehr?
Ist deine Wahrheit wie der Sinne Glück
Nur eine Summe, die man größer, kleiner
Besitzen kann und immer doch besitzt?
Ist sie nicht eine einzge, ungeteilte?
Nimm einen Ton aus einer Harmonie,
Nimm eine Farbe aus dem Regenbogen,
Und alles, was dir bleibt, ist nichts, solang
Das schöne All der Töne fehlt und Farben.«

Indem sie einst so sprachen, standen sie
In einer einsamen Rotonde still,
Wo ein verschleiert Bild von Riesengröße
Dem Jüngling in die Augen fiel. Verwundert
Blickt er den Führer an und spricht: »Was ists,
Das hinter diesem Schleier sich verbirgt?«
»Die Wahrheit«, ist die Antwort. – »Wie?« ruft jener,
»Nach Wahrheit streb ich ja allein, und diese
Gerade ist es, die man mir verhüllt?«

»Das mache mit der Gottheit aus«, versetzt
Der Hierophant. »Kein Sterblicher, sagt sie,
Rückt diesen Schleier, bis ich selbst ihn hebe.
Und wer mit ungeweihter, schuldger Hand
Den heiligen, verbotnen früher hebt,
Der, spricht die Gottheit –« »Nun?« – »Der *sieht* die
                                          Wahrheit. «
»Ein seltsamer Orakelspruch! Du selbst,
Du hättest also niemals ihn gehoben?«
»Ich? Wahrlich nicht! Und war auch nie dazu
Versucht.« – »Das fass ich nicht. Wenn von der Wahrheit
Nur diese dünne Scheidewand mich trennte –«
»Und ein Gesetz«, fällt ihm sein Führer ein.
»Gewichtiger, mein Sohn, als du es meinst,
Ist dieser dünne Flor – für deine Hand
Zwar leicht, doch zentnerschwer für dein Gewissen.«

114

Der Jüngling ging gedankenvoll nach Hause.
Ihm raubt des Wissens brennende Begier
Den Schlaf, er wälzt sich glühend auf dem Lager
Und rafft sich auf um Mitternacht. Zum Tempel
Führt unfreiwillig ihn der scheue Tritt.
Leicht ward es ihm, die Mauer zu ersteigen,
Und mitten in das Innre der Rotonde
Trägt ein beherzter Sprung den Wagenden.

Hier steht er nun, und grauenvoll umfängt
Den Einsamen die lebenlose Stille,
Die nur der Tritte hohler Widerhall
In den geheimen Grüften unterbricht.
Von oben durch der Kuppel Öffnung wirft
Der Mond den bleichen, silberblauen Schein,
Und furchtbar wie ein gegenwärtger Gott
Erglänzt durch des Gewölbes Finsternisse
In ihrem langen Schleier die Gestalt.

Er tritt hinan mit ungewissem Schritt,
Schon will die freche Hand das Heilige berühren,
Da zuckt es heiß und kühl durch sein Gebein
Und stößt ihn weg mit unsichtbarem Arme.
Unglücklicher, was willst du tun? So ruft
In seinem Innern eine treue Stimme.
Versuchen den Allheiligen willst du?
Kein Sterblicher, sprach des Orakels Mund,
Rückt diesen Schleier, bis ich selbst ihn hebe.
Doch setzte nicht derselbe Mund hinzu:
Wer diesen Schleier hebt, soll Wahrheit schauen?
»Sei hinter ihm, was will! Ich heb ihn auf.«
(Er rufts mit lauter Stimm.) »Ich will sie schauen.« Schauen!
Gellt ihm ein langes Echo spottend nach.

Er sprichts und hat den Schleier aufgedeckt.
Nun, fragt ihr, und was zeigte sich ihm hier?
Ich weiß es nicht. Besinnungslos und bleich,

So fanden ihn am andern Tag die Priester
Am Fußgestell der Isis ausgestreckt.
Was er allda gesehen und erfahren,
Hat seine Zunge nie bekannt. Auf ewig
War seines Lebens Heiterkeit dahin,
Ihn riß ein tiefer Gram zum frühen Grabe.
»Weh dem«, dies war sein warnungsvolles Wort,
Wenn ungestüme Frager in ihn drangen,
»Weh dem, der zu der Wahrheit geht durch Schuld,
Sie wird ihm nimmermehr erfreulich sein.«

Der Schlüssel

Willst du dich selber erkennen, so sieh, wie die andern es
treiben,
  Willst du die andern verstehn, blick in dein eigenes Herz.

Sprache

Warum kann der lebendige Geist dem Geist nicht
erscheinen?
  Spricht die Seele, so spricht ach! schon die *Seele* nicht
mehr.

Freund und Feind

Teuer ist mir der Freund, doch auch den Feind kann ich
nützen,
  Zeigt mir der Freund, was ich kann, lehrt mich der Feind,
was ich soll.

Das Höchste

Suchst du das Höchste, das Größte? Die Pflanze kann es
dich lehren:
  Was sie willenlos ist, sei du es wollend – das ists!

Würde des Menschen

Nichts mehr davon, ich bitt euch. Zu essen gebt ihm, zu
wohnen,
  Habt ihr die Blöße bedeckt, gibt sich die Würde von
selbst.

Der Genius mit der umgekehrten Fackel

Lieblich sieht er zwar aus mit seiner erloschenen Fackel,
  Aber, ihr Herren, der Tod ist so ästhetisch doch nicht.

Die Bürgschaft

Zu Dionys, dem Tyrannen, schlich
Damon, den Dolch im Gewande;
Ihn schlugen die Häscher in Bande.
»Was wolltest du mit dem Dolche, sprich!«
Entgegnet ihm finster der Wüterich.
»Die Stadt vom Tyrannen befreien!«
»Das sollst du am Kreuze bereuen.«

»Ich bin«, spricht jener, »zu sterben bereit
Und bitte nicht um mein Leben,
Doch willst du Gnade mir geben,
Ich flehe dich um drei Tage Zeit,
Bis ich die Schwester dem Gatten gefreit,

Ich lasse den Freund dir als Bürgen,
Ihn magst du, entrinn ich, erwürgen.«

Da lächelt der König mit arger List
Und spricht nach kurzem Bedenken:
»Drei Tage will ich dir schenken.
Doch wisse! Wenn sie verstrichen, die Frist,
Eh du zurück mir gegeben bist,
So muß er statt deiner erblassen,
Doch dir ist die Strafe erlassen.«

Und er kommt zum Freunde: »Der König gebeut,
Daß ich am Kreuz mit dem Leben
Bezahle das frevelnde Streben,
Doch will er mir gönnen drei Tage Zeit,
Bis ich die Schwester dem Gatten gefreit,
So bleib du dem König zum Pfande,
Bis ich komme, zu lösen die Bande.«

Und schweigend umarmt ihn der treue Freund
Und liefert sich aus dem Tyrannen,
Der andere ziehet von dannen.
Und ehe das dritte Morgenrot scheint,
Hat er schnell mit dem Gatten die Schwester vereint,
Eilt heim mit sorgender Seele,
Damit er die Frist nicht verfehle.

Da gießt unendlicher Regen herab,
Von den Bergen stürzen die Quellen,
Und die Bäche, die Ströme schwellen.
Und er kommt ans Ufer mit wanderndem Stab,
Da reißet die Brücke der Strudel hinab,
Und donnernd sprengen die Wogen
Des Gewölbes krachenden Bogen.

Und trostlos irrt er an Ufers Rand,
Wie weit er auch spähet und blicket

Und die Stimme, die rufende, schicket,
Da stößet kein Nachen vom sichern Strand,
Der ihn setze an das gewünschte Land,
Kein Schiffer lenket die Fähre,
Und der wilde Strom wird zum Meere.

Da sinkt er ans Ufer und weint und fleht,
Die Hände zum Zeus erhoben:
»O hemme des Stromes Toben!
Es eilen die Stunden, im Mittag steht
Die Sonne, und wenn sie niedergeht
Und ich kann die Stadt nicht erreichen,
So muß der Freund mir erbleichen.«

Doch wachsend erneut sich des Stromes Wut,
Und Welle auf Welle zerrinnet,
Und Stunde an Stunde entrinnet.
Da treibt ihn die Angst, da faßt er sich Mut
Und wirft sich hinein in die brausende Flut
Und teilt mit gewaltigen Armen
Den Strom, und ein Gott hat Erbarmen.

Und gewinnt das Ufer und eilet fort
Und danket dem rettenden Gotte,
Da stürzet die raubende Rotte
Hervor aus des Waldes nächtlichem Ort,
Den Pfad ihm sperrend, und schnaubet Mord
Und hemmet des Wanderers Eile
Mit drohend geschwungener Keule.

»Was wollt ihr?« ruft er, für Schrecken bleich,
»Ich habe nichts als mein Leben,
Das muß ich dem Könige geben!«
Und entreißt die Keule dem nächsten gleich:
»Um des Freundes willen erbarmet euch!«
Und drei mit gewaltigen Streichen
Erlegt er, die andern entweichen.

Und die Sonne versendet glühenden Brand,
Und von der unendlichen Mühe
Ermattet sinken die Kniee.
»O hast du mich gnädig aus Räubershand,
Aus dem Strom mich gerettet ans heilige Land,
Und soll hier verschmachtend verderben,
Und der Freund mir, der liebende, sterben!«

Und horch! da sprudelt es silberhell,
Ganz nahe, wie rieselndes Rauschen,
Und stille hält er, zu lauschen,
Und sieh, aus dem Felsen, geschwätzig, schnell,
Springt murmelnd hervor ein lebendiger Quell,
Und freudig bückt er sich nieder
Und erfrischet die brennenden Glieder.

Und die Sonne blickt durch der Zweige Grün
Und malt auf den glänzenden Matten
Der Bäume gigantische Schatten;
Und zwei Wanderer sieht er die Straße ziehn,
Will eilenden Laufes vorüberfliehn,
Da hört er die Worte sie sagen:
»Jetzt wird er ans Kreuz geschlagen.«

Und die Angst beflügelt den eilenden Fuß,
Ihn jagen der Sorge Qualen,
Da schimmern in Abendrots Strahlen
Von ferne die Zinnen von Syrakus,
Und entgegen kommt ihm Philostratus,
Des Hauses redlicher Hüter,
Der erkennet entsetzt den Gebieter:

»Zurück! du rettest den Freund nicht mehr,
So rette das eigene Leben!
Den Tod erleidet er eben.
Von Stunde zu Stunde gewartet' er
Mit hoffender Seele der Wiederkehr,

Ihm konnte den mutigen Glauben
Der Hohn des Tyrannen nicht rauben.«

»Und ist es zu spät, und kann ich ihm nicht
Ein Retter willkommen erscheinen,
So soll mich der Tod ihm vereinen.
Des rühme der blutge Tyrann sich nicht,
Daß der Freund dem Freunde gebrochen die Pflicht,
Er schlachte der Opfer zweie
Und glaube an Liebe und Treue.«

Und die Sonne geht unter, da steht er am Tor
Und sieht das Kreuz schon erhöhet,
Das die Menge gaffend umstehet,
An dem Seile schon zieht man den Freund empor,
Da zertrennt er gewaltig den dichten Chor:
»Mich, Henker!« ruft er, »erwürget!
Da bin ich, für den er gebürget!«

Und Erstaunen ergreifet das Volk umher,
In den Armen liegen sich beide
Und weinen für Schmerzen und Freude.
Da sieht man kein Auge tränenleer,
Und zum Könige bringt man die Wundermär,
Der fühlt ein menschliches Rühren,
Läßt schnell vor den Thron sie führen.

Und blicket sie lange verwundert an.
Drauf spricht er: »Es ist euch gelungen,
Ihr habt das Herz mir bezwungen,
Und die Treue, sie ist doch kein leerer Wahn,
So nehmet auch mich zum Genossen an,
Ich sei, gewährt mir die Bitte,
In eurem Bunde der Dritte.«

Das Lied von der Glocke

Vivos voco
Mortuos plango
Fulgura frango[1]

Fest gemauert in der Erden
Steht die Form, aus Lehm gebrannt.
Heute muß die Glocke werden,
Frisch, Gesellen, seid zur Hand.
　　Von der Stirne heiß
　　Rinnen muß der Schweiß,
Soll das Werk den Meister loben,
Doch der Segen kommt von oben.

Zum Werke, das wir ernst bereiten,
Geziemt sich wohl ein ernstes Wort;
Wenn gute Reden sie begleiten,
Dann fließt die Arbeit munter fort.
So laßt uns jetzt mit Fleiß betrachten,
Was durch die schwache Kraft entspringt,
Den schlechten Mann muß man verachten,
Der nie bedacht, was er vollbringt.
Das ists ja, was den Menschen zieret,
Und dazu ward ihm der Verstand,
Daß er im innern Herzen spüret,
Was er erschafft mit seiner Hand.

Nehmet Holz vom Fichtenstamme,
Doch recht trocken laßt es sein,
Daß die eingepreßte Flamme
Schlage zu dem Schwalch hinein.
　　Kocht des Kupfers Brei,
　　Schnell das Zinn herbei,
Daß die zähe Glockenspeise
Fließe nach der rechten Weise.

---

1 Die Lebenden rufe ich, die Toten beklage ich, die Blitze breche ich.

Was in des Dammes tiefer Grube
Die Hand mit Feuers Hülfe baut,
Hoch auf des Turmes Glockenstube
Da wird es von uns zeugen laut.
Noch dauern wirds in späten Tagen
Und rühren vieler Menschen Ohr
Und wird mit dem Betrübten klagen
Und stimmen zu der Andacht Chor.
Was unten tief dem Erdensohne
Das wechselnde Verhängnis bringt,
Das schlägt an die metallne Krone,
Die es erbaulich weiterklingt.

    Weiße Blasen seh ich springen,
    Wohl! die Massen sind im Fluß.
    Laßts mit Aschensalz durchdringen,
    Das befördert schnell den Guß.
       Auch von Schaume rein
       Muß die Mischung sein,
    Daß vom reinlichen Metalle
    Rein und voll die Stimme schalle.

Denn mit der Freude Feierklange
Begrüßt sie das geliebte Kind
Auf seines Lebens erstem Gange,
Den es in Schlafes Arm beginnt;
Ihm ruhen noch im Zeitenschoße
Die schwarzen und die heitern Lose,
Der Mutterliebe zarte Sorgen
Bewachen seinen goldnen Morgen. –
Die Jahre fliehen pfeilgeschwind.
Vom Mädchen reißt sich stolz der Knabe,
Er stürmt ins Leben wild hinaus,
Durchmißt die Welt am Wanderstabe.
Fremd kehrt er heim ins Vaterhaus,
Und herrlich, in der Jugend Prangen,
Wie ein Gebild aus Himmelshöhn,

Mit züchtigen, verschämten Wangen
Sieht er die Jungfrau vor sich stehn.
Da faßt ein namenloses Sehnen
Des Jünglings Herz, er irrt allein,
Aus seinen Augen brechen Tränen,
Er flieht der Brüder wilden Reihn.
Errötend folgt er ihren Spuren
Und ist von ihrem Gruß beglückt,
Das Schönste sucht er auf den Fluren,
Womit er seine Liebe schmückt.
O! zarte Sehnsucht, süßes Hoffen,
Der ersten Liebe goldne Zeit,
Das Auge sieht den Himmel offen,
Es schwelgt das Herz in Seligkeit.
O! daß sie ewig grünen bliebe,
Die schöne Zeit der jungen Liebe!

    Wie sich schon die Pfeifen bräunen!
    Dieses Stäbchen tauch ich ein,
    Sehn wirs überglast erscheinen,
    Wirds zum Gusse zeitig sein.
      Jetzt, Gesellen, frisch!
      Prüft mir das Gemisch,
    Ob das Spröde mit dem Weichen
    Sich vereint zum guten Zeichen.

Denn wo das Strenge mit dem Zarten,
Wo Starkes sich und Mildes paarten,
Da gibt es einen guten Klang.
Drum prüfe, wer sich ewig bindet,
Ob sich das Herz zum Herzen findet!
Der Wahn ist kurz, die Reu ist lang.
Lieblich in der Bräute Locken
Spielt der jungfräuliche Kranz,
Wenn die hellen Kirchenglocken
Laden zu des Festes Glanz.

Ach! des Lebens schönste Feier
Endigt auch den Lebensmai,
Mit dem Gürtel, mit dem Schleier
Reißt der schöne Wahn entzwei.
Die Leidenschaft flieht!
Die Liebe muß bleiben,
Die Blume verblüht,
Die Frucht muß treiben.
Der Mann muß hinaus
Ins feindliche Leben,
Muß wirken und streben
Und pflanzen und schaffen,
Erlisten, erraffen,
Muß wetten und wagen,
Das Glück zu erjagen.
Da strömet herbei die unendliche Gabe,
Es füllt sich der Speicher mit köstlicher Habe,
Die Räume wachsen, es dehnt sich das Haus.
Und drinnen waltet
Die züchtige Hausfrau,
Die Mutter der Kinder,
Und herrschet weise
Im häuslichen Kreise,
Und lehret die Mädchen
Und wehret den Knaben,
Und reget ohn Ende
Die fleißigen Hände,
Und mehrt den Gewinn
Mit ordnendem Sinn.
Und füllet mit Schätzen die duftenden Laden,
Und dreht um die schnurrende Spindel den Faden,
Und sammelt im reinlich geglätteten Schrein
Die schimmernde Wolle, den schneeigten Lein,
Und füget zum Guten den Glanz und den Schimmer,
Und ruhet nimmer.

Und der Vater mit frohem Blick
Von des Hauses weitschauendem Giebel
Überzählet sein blühend Glück,
Siehet der Pfosten ragende Bäume
Und der Scheunen gefüllte Räume
Und die Speicher, vom Segen gebogen,
Und des Kornes bewegte Wogen,
Rühmt sich mit stolzem Mund:
Fest, wie der Erde Grund,
Gegen des Unglücks Macht
Steht mir des Hauses Pracht!
Doch mit des Geschickes Mächten
Ist kein ewger Bund zu flechten,
Und das Unglück schreitet schnell.

Wohl! Nun kann der Guß beginnen,
Schön gezacket ist der Bruch.
Doch, bevor wirs lassen rinnen,
Betet einen frommen Spruch!
Stoßt den Zapfen aus!
Gott bewahr das Haus.
Rauchend in des Henkels Bogen
Schießts mit feuerbraunen Wogen.

Wohltätig ist des Feuers Macht,
Wenn sie der Mensch bezähmt, bewacht,
Und was er bildet, was er schafft,
Das dankt er dieser Himmelskraft,
Doch furchtbar wird die Himmelskraft,
Wenn sie der Fessel sich entrafft,
Einhertritt auf der eignen Spur
Die freie Tochter der Natur.
Wehe, wenn sie losgelassen
Wachsend ohne Widerstand
Durch die volkbelebten Gassen
Wälzt den ungeheuren Brand!

Denn die Elemente hassen
Das Gebild der Menschenhand.
Aus der Wolke
Quillt der Segen,
Strömt der Regen,
Aus der Wolke, ohne Wahl,
Zuckt der Strahl!
Hört ihrs wimmern hoch vom Turm?
Das ist Sturm!
Rot wie Blut
Ist der Himmel,
Das ist nicht des Tages Glut!
Welch Getümmel
Straßen auf!
Dampf wallt auf!
Flackernd steigt die Feuersäule,
Durch der Straße lange Zeile
Wächst es fort mit Windeseile,
Kochend wie aus Ofens Rachen
Glühn die Lüfte, Balken krachen,
Pfosten stürzen, Fenster klirren,
Kinder jammern, Mütter irren,
Tiere wimmern
Unter Trümmern,
Alles rennet, rettet, flüchtet,
Taghell ist die Nacht gelichtet,
Durch der Hände lange Kette
Um die Wette
Fliegt der Eimer, hoch im Bogen
Sprützen Quellen, Wasserwogen.
Heulend kommt der Sturm geflogen,
Der die Flamme brausend sucht.
Prasselnd in die dürre Frucht
Fällt sie, in des Speichers Räume,
In der Sparren dürre Bäume,
Und als wollte sie im Wehen

Mit sich fort der Erde Wucht
Reißen, in gewaltger Flucht,
Wächst sie in des Himmels Höhen
Rießengroß!
Hoffnungslos
Weicht der Mensch der Götterstärke,
Müßig sieht er seine Werke
Und bewundernd untergehen.

Leergebrannt
Ist die Stätte,
Wilder Stürme rauhes Bette,
In den öden Fensterhöhlen
Wohnt das Grauen,
Und des Himmels Wolken schauen
Hoch hinein.

Einen Blick
Nach dem Grabe
Seiner Habe
Sendet noch der Mensch zurück –
Greift fröhlich dann zum Wanderstabe,
Was Feuers Wut ihm auch geraubt,
Ein süßer Trost ist ihm geblieben,
Er zählt die Häupter seiner Lieben,
Und sieh! ihm fehlt kein teures Haupt.

In die Erd ists aufgenommen,
Glücklich ist die Form gefüllt,
Wirds auch schön zutage kommen,
Daß es Fleiß und Kunst vergilt?
    Wenn der Guß mißlang?
    Wenn die Form zersprang?
Ach! vielleicht, indem wir hoffen,
Hat uns Unheil schon getroffen.

Dem dunkeln Schoß der heilgen Erde
Vertrauen wir der Hände Tat,
Vertraut der Sämann seine Saat
Und hofft, daß sie entkeimen werde
Zum Segen, nach des Himmels Rat.
Noch köstlicheren Samen bergen
Wir traurend in der Erde Schoß
Und hoffen, daß er aus den Särgen
Erblühen soll zu schönerm Los.

Von dem Dome,
Schwer und bang,
Tönt die Glocke
Grabgesang.
Ernst begleiten ihre Trauerschläge
Einen Wandrer auf dem letzten Wege.

Ach! die Gattin ists, die teure,
Ach! es ist die treue Mutter,
Die der schwarze Fürst der Schatten
Wegführt aus dem Arm des Gatten,
Aus der zarten Kinder Schar,
Die sie blühend ihm gebar,
Die sie an der treuen Brust
Wachsen sah mit Mutterlust –
Ach! des Hauses zarte Bande
Sind gelöst auf immerdar,
Denn sie wohnt im Schattenlande,
Die des Hauses Mutter war,
Denn es fehlt ihr treues Walten,
Ihre Sorge wacht nicht mehr,
An verwaister Stätte schalten
Wird die Fremde, liebeleer.

Bis die Glocke sich verkühlet,
Laßt die strenge Arbeit ruhn,
Wie im Laub der Vogel spielet,
Mag sich jeder gütlich tun.
    Winkt der Sterne Licht,
    Ledig aller Pflicht
Hört der Pursch die Vesper schlagen,
Meister muß sich immer plagen.

Munter fördert seine Schritte
Fern im wilden Forst der Wandrer
Nach der lieben Heimathütte.
Blökend ziehen heim die Schafe,
Und der Rinder
Breitgestirnte, glatte Scharen
Kommen brüllend,
Die gewohnten Ställe füllend.
Schwer herein
Schwankt der Wagen,
Kornbeladen,
Bunt von Farben
Auf den Garben
Liegt der Kranz,
Und das junge Volk der Schnitter
Fliegt zum Tanz.
Markt und Straße werden stiller,
Um des Lichts gesellge Flamme
Sammeln sich die Hausbewohner,
Und das Stadttor schließt sich knarrend.
Schwarz bedecket
Sich die Erde,
Doch den sichern Bürger schrecket
Nicht die Nacht,
Die den Bösen gräßlich wecket,
Denn das Auge des Gesetzes wacht.

Heilge Ordnung, segenreiche
Himmelstochter, die das Gleiche
Frei und leicht und freudig bindet,
Die der Städte Bau gegründet,
Die herein von den Gefilden
Rief den ungesellgen Wilden,
Eintrat in der Menschen Hütten,
Sie gewöhnt zu sanften Sitten
Und das teuerste der Bande
Wob, den Trieb zum Vaterlande!

Tausend fleißge Hände regen,
Helfen sich in munterm Bund,
Und in feurigem Bewegen
Werden alle Kräfte kund.
Meister rührt sich und Geselle
In der Freiheit heilgem Schutz.
Jeder freut sich seiner Stelle,
Bietet dem Verächter Trutz.
Arbeit ist des Bürgers Zierde,
Segen ist der Mühe Preis,
Ehrt den König seine Würde,
Ehret *uns* der Hände Fleiß.

Holder Friede,
Süße Eintracht,
Weilet, weilet
Freundlich über dieser Stadt!
Möge nie der Tag erscheinen,
Wo des rauhen Krieges Horden
Dieses stille Tal durchtoben,
Wo der Himmel,
Den des Abends sanfte Röte
Lieblich malt,
Von der Dörfer, von der Städte
Wildem Brande schrecklich strahlt!

Nun zerbrecht mir das Gebäude,
Seine Absicht hats erfüllt,
Daß sich Herz und Auge weide
An dem wohlgelungnen Bild.
   Schwingt den Hammer, schwingt,
   Bis der Mantel springt,
Wenn die Glock soll auferstehen,
Muß die Form in Stücken gehen.

Der Meister kann die Form zerbrechen
Mit weiser Hand, zur rechten Zeit,
Doch wehe, wenn in Flammenbächen
Das glühnde Erz sich selbst befreit!
Blindwütend mit des Donners Krachen
Zersprengt es das geborstne Haus,
Und wie aus offnem Höllenrachen
Speit es Verderben zündend aus;
Wo rohe Kräfte sinnlos walten,
Da kann sich kein Gebild gestalten,
Wenn sich die Völker selbst befrein,
Da kann die Wohlfahrt nicht gedeihn.

Weh, wenn sich in dem Schoß der Städte
Der Feuerzunder still gehäuft,
Das Volk, zerreißend seine Kette,
Zur Eigenhilfe schrecklich greift!
Da zerret an der Glocke Strängen
Der Aufruhr, daß sie heulend schallt
Und, nur geweiht zu Friedensklängen,
Die Losung anstimmt zur Gewalt.

Freiheit und Gleichheit! hört man schallen,
Der ruhge Bürger greift zur Wehr,
Die Straßen füllen sich, die Hallen,
Und Würgerbanden ziehn umher,
Da werden Weiber zu Hyänen
Und treiben mit Entsetzen Scherz,

Noch zuckend, mit des Panthers Zähnen,
Zerreißen sie des Feindes Herz.
Nichts Heiliges ist mehr, es lösen
Sich alle Bande frommer Scheu,
Der Gute räumt den Platz dem Bösen,
Und alle Laster walten frei.
Gefährlich ists, den Leu zu wecken,
Verderblich ist des Tigers Zahn,
Jedoch der schrecklichste der Schrecken,
Das ist der Mensch in seinem Wahn.
Weh denen, die dem Ewigblinden
Des Lichtes Himmelsfackel leihn!
Sie strahlt ihm nicht, sie kann nur zünden
Und äschert Städt und Länder ein.

    Freude hat mir Gott gegeben!
    Sehet! wie ein goldner Stern
    Aus der Hülse, blank und eben,
    Schält sich der metallne Kern.
        Von dem Helm zum Kranz
        Spielts wie Sonnenglanz,
    Auch des Wappens nette Schilder
    Loben den erfahrnen Bilder.

Herein! herein!
Gesellen alle, schließt den Reihen,
Daß wir die Glocke taufend weihen,
Concordia soll ihr Name sein,
Zur Eintracht, zu herzinnigem Vereine
Versammle sie die liebende Gemeine.

Und dies sei fortan ihr Beruf,
Wozu der Meister sie erschuf!
Hoch überm niedern Erdenleben
Soll sie in blauem Himmelszelt
Die Nachbarin des Donners schweben
Und grenzen an die Sternenwelt,

Soll eine Stimme sein von oben,
Wie der Gestirne helle Schar,
Die ihren Schöpfer wandelnd loben
Und führen das bekränzte Jahr.
Nur ewigen und ernsten Dingen
Sei ihr metallner Mund geweiht,
Und stündlich mit den schnellen Schwingen
Berühr im Fluge sie die Zeit,
Dem Schicksal leihe sie die Zunge,
Selbst herzlos, ohne Mitgefühl,
Begleite sie mit ihrem Schwunge
Des Lebens wechselvolles Spiel.
Und wie der Klang im Ohr vergehet,
Der mächtig tönend ihr entschallt,
So lehre sie, daß nichts bestehet,
Daß alles Irdische verhallt.

Jetzo mit der Kraft des Stranges
Wiegt die Glock mir aus der Gruft,
Daß sie in das Reich des Klanges
Steige, in die Himmelsluft.
　Ziehet, ziehet, hebt!
　Sie bewegt sich, schwebt,
Freude dieser Stadt bedeute,
Friede sei ihr erst Geläute.

Nänie

Auch das Schöne muß sterben! Das Menschen und Götter
　　　　　　　　　　　　　　　　bezwinget,
　Nicht die eherne Brust rührt es des stygischen Zeus.
Einmal nur erweichte die Liebe den Schattenbeherrscher,
　Und an der Schwelle noch, streng, rief er zurück sein
　　　　　　　　　　　　　　　　Geschenk.

Nicht stillt Aphrodite dem schönen Knaben die Wunde,
    Die in den zierlichen Leib grausam der Eber geritzt.
Nicht errettet den göttlichen Held die unsterbliche Mutter,
    Wann er, am skäischen Tor fallend, sein Schicksal erfüllt.
Aber sie steigt aus dem Meer mit allen Töchtern des Nereus,
    Und die Klage hebt an um den verherrlichten Sohn.
Siehe! Da weinen die Götter, es weinen die Göttinnen alle,
    Daß das Schöne vergeht, daß das Vollkommene stirbt.
Auch ein Klaglied zu sein im Mund der Geliebten, ist
                                                        herrlich,
    Denn das Gemeine geht klanglos zum Orkus hinab.

FRIEDRICH HÖLDERLIN

An die Parzen

Nur Einen Sommer gönnt, ihr Gewaltigen!
    Und einen Herbst zu reifem Gesange mir,
        Daß williger mein Herz, vom süßen
            Spiele gesättiget, dann mir sterbe.

Die Seele, der im Leben ihr göttlich Recht
    Nicht ward, sie ruht auch drunten im Orkus nicht;
        Doch ist mir einst das Heilge, das am
            Herzen mir liegt, das Gedicht, gelungen,

Willkommen dann, o Stille der Schattenwelt!
    Zufrieden bin ich, wenn auch mein Saitenspiel
        Mich nicht hinab geleitet; Einmal
            Lebt ich, wie Götter, und mehr bedarfs nicht.

Die Völker schwiegen, schlummerten ...

Die Völker schwiegen, schlummerten, da sahe
Das Schicksal, daß sie nicht entschliefen, und es kam
Der unerbittliche, der furchtbare
Sohn der Natur, der alte Geist der Unruh.
Der regte sich, wie Feuer, das im Herzen
Der Erde gärt, das wie den reifen Obstbaum
Die alten Städte schüttelt, das die Berge
Zerreißt, und die Eichen hinabschlingt und die Felsen.

Und Heere tobten, wie die kochende See.
Und wie ein Meergott, herrscht' und waltete
Manch großer Geist im kochenden Getümmel.
Manch feurig Blut zerrann im Todesfeld
Und jeder Wunsch und jede Menschenkraft
Vertobt auf Einer da, auf ungeheurer Walstatt,
Wo von dem blauen Rheine bis zur Tyber
Die unaufhaltsame, die jahrelange Schlacht
In wilder Ordnung sich umherbewegte.
Es spielt' ein kühnes Spiel in dieser Zeit
Mit allen Sterblichen das mächtge Schicksal.

...
Und blinken goldne Früchte wieder dir,
Wie heitre holde Sterne, durch die kühle Nacht
Der Pomeranzenwälder in Italien.

Buonaparte

Heilige Gefäße sind die Dichter,
  Worin des Lebens Wein, der Geist
    Der Helden, sich aufbewahrt,

Aber der Geist dieses Jünglings,
  Der schnelle, müßt er es nicht zersprengen,
    Wo es ihn fassen wollte, das Gefäß?

Der Dichter laß ihn unberührt wie den Geist der Natur,
  An solchem Stoffe wird zum Knaben der Meister.

Er kann im Gedichte nicht leben und bleiben,
  Er lebt und bleibt in der Welt.

Sokrates und Alcibiades

»Warum huldigest du, heiliger Sokrates,
  Diesem Jünglinge stets? kennest du Größers nicht?
    Warum siehet mit Liebe,
      Wie auf Götter, dein Aug auf ihn?«

Wer das Tiefste gedacht, liebt das Lebendigste,
  Hohe Jugend versteht, wer in die Welt geblickt,
    Und es neigen die Weisen
      Oft am Ende zu Schönem sich.

Hyperions Schicksalslied

Ihr wandelt droben im Licht
  Auf weichem Boden, selige Genien!
     Glänzende Götterlüfte
     Rühren euch leicht,
        Wie die Finger der Künstlerin
        Heilige Saiten.

Schicksallos, wie der schlafende
  Säugling, atmen die Himmlischen;
     Keusch bewahrt
     In bescheidener Knospe,
        Blühet ewig
        Ihnen der Geist,
          Und die seligen Augen
          Blicken in stiller
            Ewiger Klarheit.

Doch uns ist gegeben,
  Auf keiner Stätte zu ruhn,
     Es schwinden, es fallen
     Die leidenden Menschen
        Blindlings von einer
        Stunde zur andern,
        Wie Wasser von Klippe
        Zu Klippe geworfen,
          Jahr lang ins Ungewisse hinab.

Heidelberg

Lange lieb ich dich schon, möchte dich, mir zur Lust,
  Mutter nennen, und dir schenken ein kunstlos Lied,
    Du, der Vaterlandsstädte
      Ländlichschönste, so viel ich sah.

Wie der Vogel des Walds über die Gipfel fliegt,
  Schwingt sich über den Strom, wo er vorbei dir glänzt,
    Leicht und kräftig die Brücke,
      Die von Wagen und Menschen tönt.

Wie von Göttern gesandt, fesselt' ein Zauber einst
  Auf die Brücke mich an, da ich vorüber ging,
    Und herein in die Berge
      Mir die reizende Ferne schien,

Und der Jüngling, der Strom, fort in die Ebne zog,
  Traurigfroh, wie das Herz, wenn es, sich selbst zu schön,
    Liebend unterzugehen,
      In die Fluten der Zeit sich wirft.

Quellen hattest du ihm, hattest dem Flüchtigen
  Kühle Schatten geschenkt, und die Gestade sahn
    All ihm nach, und es bebte
      Aus den Wellen ihr lieblich Bild.

Aber schwer in das Tal hing die gigantische,
  Schicksalskundige Burg nieder bis auf den Grund,
    Von den Wettern zerrissen;
      Doch die ewige Sonne goß

Ihr verjüngendes Licht über das alternde
  Riesenbild, und umher grünte lebendiger
    Efeu; freundliche Wälder
      Rauschten über die Burg herab.

Sträuche blühten herab, bis wo im heitern Tal,
   An den Hügel gelehnt, oder dem Ufer hold,
     Deine fröhlichen Gassen
      Unter duftenden Gärten ruhn.

Brot und Wein

An Heinze

1

Rings um ruhet die Stadt; still wird die erleuchtete Gasse,
   Und, mit Fackeln geschmückt, rauschen die Wagen
                  hinweg.
Satt gehn heim von Freuden des Tags zu ruhen die
               Menschen,
   Und Gewinn und Verlust wäget ein sinniges Haupt
Wohlzufrieden zu Haus; leer steht von Trauben und
              Blumen,
   Und von Werken der Hand ruht der geschäftige Markt.
Aber das Saitenspiel tönt fern aus Gärten; vielleicht, daß
   Dort ein Liebendes spielt oder ein einsamer Mann
Ferner Freunde gedenkt und der Jugendzeit; und die
             Brunnen
   Immerquillend und frisch rauschen an duftendem Beet.
Still in dämmriger Luft ertönen geläutete Glocken,
   Und der Stunden gedenk rufet ein Wächter die Zahl.
Jetzt auch kommet ein Wehn und regt die Gipfel des Hains
             auf,
   Sieh! und das Schattenbild unserer Erde, der Mond,
Kommet geheim nun auch; die Schwärmerische, die Nacht
             kommt,
   Voll mit Sternen und wohl wenig bekümmert um uns,
Glänzt die Erstaunende dort, die Fremdlingin unter den
             Menschen,
   Über Gebirgeshöhn traurig und prächtig herauf.

2

Wunderbar ist die Gunst der Hocherhabnen und niemand
   Weiß, von wannen und was einem geschiehet von ihr.
So bewegt sie die Welt und die hoffende Seele der Menschen,
   Selbst kein Weiser versteht, was sie bereitet, denn so
Will es der oberste Gott, der sehr dich liebet, und darum
   Ist noch lieber, wie sie, dir der besonnene Tag.
Aber zuweilen liebt auch klares Auge den Schatten
   Und versuchet zu Lust, eh es die Not ist, den Schlaf,
Oder es blickt auch gern ein treuer Mann in die Nacht hin,
   Ja, es ziemet sich, ihr Kränze zu weihn und Gesang,
Weil den Irrenden sie geheiliget ist und den Toten,
   Selber aber besteht, ewig, in freiestem Geist.
Aber sie muß uns auch, daß in der zaudernden Weile,
   Daß im Finstern für uns einiges Haltbare sei,
Uns die Vergessenheit und das Heiligtrunkene gönnen,
   Gönnen das strömende Wort, das, wie die Liebenden, sei,
Schlummerlos, und vollern Pokal und kühneres Leben,
   Heilig Gedächtnis auch, wachend zu bleiben bei Nacht.

3

Auch verbergen umsonst das Herz im Busen, umsonst nur
   Halten den Mut noch wir, Meister und Knaben, denn wer
Möcht es hindern und wer möcht uns die Freude
                        verbieten?
   Göttliches Feuer auch treibet, bei Tag und bei Nacht,
Aufzubrechen. So komm! daß wir das Offene schauen,
   Daß ein Eigenes wir suchen, so weit es auch ist.
Fest bleibt Eins; es sei um Mittag oder es gehe
   Bis in die Mitternacht, immer bestehet ein Maß,
Allen gemein, doch jeglichem auch ist eignes beschieden,
   Dahin gehet und kommt jeder, wohin er es kann.
Drum! und spotten des Spotts mag gern frohlockender
                        Wahnsinn,
   Wenn er in heiliger Nacht plötzlich die Sänger ergreift.

Drum an den Isthmos komm! dorthin, wo das offene Meer
                        rauscht
  Am Parnaß und der Schnee delphische Felsen umglänzt,
Dort ins Land des Olymps, dort auf die Höhe Cithärons,
  Unter die Fichten dort, unter die Trauben, von wo
Thebe drunten und Ismenos rauscht im Lande des Kadmos,
  Dorther kommt und zurück deutet der kommende Gott.

4

Seliges Griechenland! du Haus der Himmlischen alle,
  Also ist wahr, was einst wir in der Jugend gehört?
Festlicher Saal! der Boden ist Meer! und Tische sind Berge,
  Wahrlich zu einzigem Brauche vor alters gebaut!
Aber die Thronen, wo? die Tempel, und wo die Gefäße,
  Wo mit Nektar gefüllt, Göttern zu Lust der Gesang?
Wo, wo leuchten sie denn, die fernhintreffenden Sprüche?
  Delphi schlummert und wo tönet das große Geschick?
Wo ist das schnelle? wo brichts, allgegenwärtigen Glücks
                    voll,
  Donnernd aus heiterer Luft über die Augen herein?
Vater Aether! so riefs und flog von Zunge zu Zunge
  Tausendfach, es ertrug keiner das Leben allein;
Ausgeteilet erfreut solch Gut und getauschet, mit Fremden,
  Wirds ein Jubel, es wächst schlafend des Wortes Gewalt:
Vater! heiter! und hallt, so weit es gehet, das uralt
  Zeichen, von Eltern geerbt, treffend und schaffend hinab.
Denn so kehren die Himmlischen ein, tiefschütternd
                    gelangt so
  Aus den Schatten herab unter die Menschen ihr Tag.

5

Unempfunden kommen sie erst, es streben entgegen
  Ihnen die Kinder, zu hell kommet, zu blendend das Glück,
Und es scheut sie der Mensch, kaum weiß zu sagen ein
                    Halbgott,

Wer mit Namen sie sind, die mit den Gaben ihm nahn.
Aber der Mut von ihnen ist groß, es füllen das Herz ihm
Ihre Freuden und kaum weiß er zu brauchen das Gut,
Schafft, verschwendet und fast ward ihm Unheiliges heilig,
Das er mit segnender Hand töricht und gütig berührt.
Möglichst dulden die Himmlischen dies; dann aber in
                                        Wahrheit
Kommen sie selbst und gewohnt werden die Menschen
                                        des Glücks
Und des Tags und zu schaun die Offenbaren, das Antlitz
Derer, welche, schon längst Eines und Alles genannt,
Tief die verschwiegene Brust mit freier Genüge gefüllet,
Und zuerst und allein alles Verlangen beglückt;
So ist der Mensch; wenn da ist das Gut, und es sorget mit
                                        Gaben
Selber ein Gott für ihn, kennet und sieht er es nicht.
Tragen muß er, zuvor; nun aber nennt er sein Liebstes,
Nun, nun müssen dafür Worte, wie Blumen, entstehn.

6

Und nun denkt er zu ehren in Ernst die seligen Götter,
Wirklich und wahrhaft muß alles verkünden ihr Lob.
Nichts darf schauen das Licht, was nicht den Hohen
                                        gefället,
Vor den Aether gebührt Müßigversuchendes nicht.
Drum in der Gegenwart der Himmlischen würdig zu stehen,
Richten in herrlichen Ordnungen Völker sich auf
Untereinander und baun die schönen Tempel und Städte
Fest und edel, sie gehn über Gestaden empor –
Aber wo sind sie? wo blühn die Bekannten, die Kronen des
                                        Festes?
Thebe welkt und Athen; rauschen die Waffen nicht mehr
In Olympia, nicht die goldnen Wagen des Kampfspiels,
Und bekränzen sich denn nimmer die Schiffe Korinths?
Warum schweigen auch sie, die alten heilgen Theater?
Warum freuet sich denn nicht der geweihete Tanz?

Warum zeichnet, wie sonst, die Stirne des Mannes ein Gott
                                          nicht,
   Drückt den Stempel, wie sonst, nicht dem Getroffenen
                                          auf?
Oder er kam auch selbst und nahm des Menschen Gestalt an
   Und vollendet' und schloß tröstend das himmlische Fest.

7

Aber Freund! wir kommen zu spät. Zwar leben die Götter,
   Aber über dem Haupt droben in anderer Welt.
Endlos wirken sie da und scheinens wenig zu achten,
   Ob wir leben, so sehr schonen die Himmlischen uns.
Denn nicht immer vermag ein schwaches Gefäß sie zu
                                          fassen,
   Nur zu Zeiten erträgt göttliche Fülle der Mensch.
Traum von ihnen ist drauf das Leben. Aber das Irrsal
   Hilft, wie Schlummer, und stark machet die Not und die
                                          Nacht,
Bis daß Helden genug in der ehernen Wiege gewachsen,
   Herzen an Kraft, wie sonst, ähnlich den Himmlischen
                                          sind.
Donnernd kommen sie drauf. Indessen dünket mir öfters
   Besser zu schlafen, wie so ohne Genossen zu sein,
So zu harren, und was zu tun indes und zu sagen,
   Weiß ich nicht, und wozu Dichter in dürftiger Zeit.
Aber sie sind, sagst du, wie des Weingotts heilige Priester,
   Welche von Lande zu Land zogen in heiliger Nacht.

8

Nämlich, als vor einiger Zeit, uns dünkt sie lange,
   Aufwärts stiegen sie all, welche das Leben beglückt,
Als der Vater gewandt sein Angesicht von den Menschen,
   Und das Trauern mit Recht über der Erde begann,
Als erschienen zuletzt ein stiller Genius, himmlisch
   Tröstend, welcher des Tags Ende verkündet' und schwand,

Ließ zum Zeichen, daß einst er da gewesen und wieder
    Käme, der himmlische Chor einige Gaben zurück,
Derer menschlich, wie sonst, wir uns zu freuen vermöchten,
    Denn zur Freude, mit Geist, wurde das Größre zu groß
Unter den Menschen und noch, noch fehlen die Starken zu
                                höchsten
    Freuden, aber es lebt stille noch einiger Dank.
Brot ist der Erde Frucht, doch ists vom Lichte gesegnet,
    Und vom donnernden Gott kommet die Freude des
                                  Weins.
Darum denken wir auch dabei der Himmlischen, die sonst
    Da gewesen und die kehren in richtiger Zeit,
Darum singen sie auch mit Ernst, die Sänger, den Weingott
    Und nicht eitel erdacht tönet dem Alten das Lob.

9

Ja! sie sagen mit Recht, er söhne den Tag mit der Nacht aus,
    Führe des Himmels Gestirn ewig hinunter, hinauf,
Allzeit froh, wie das Laub der immergrünenden Fichte,
    Das er liebt, und der Kranz, den er von Efeu gewählt,
Weil er bleibet und selbst die Spur der entflohenen Götter
    Götterlosen hinab unter das Finstere bringt.
Was der Alten Gesang von Kindern Gottes geweissagt,
    Siehe! wir sind es, wir; Frucht von Hesperien ists!
Wunderbar und genau ists als an Menschen erfüllet,
    Glaube, wer es geprüft! aber so vieles geschieht,
Keines wirket, denn wir sind herzlos, Schatten, bis unser
    Vater Aether erkannt jeden und allen gehört.
Aber indessen kommt als Fackelschwinger des Höchsten
    Sohn, der Syrier, unter die Schatten herab.
Selige Weise sehns; ein Lächeln aus der gefangnen
    Seele leuchtet, dem Licht tauet ihr Auge noch auf.
Sanfter träumet und schläft in Armen der Erde der Titan,
    Selbst der neidische, selbst Cerberus trinket und schläft.

Hälfte des Lebens

Mit gelben Birnen hänget
Und voll mit wilden Rosen
Das Land in den See,
Ihr holden Schwäne,
Und trunken von Küssen
Tunkt ihr das Haupt
Ins heilignüchterne Wasser.

Weh mir, wo nehm ich, wenn
Es Winter ist, die Blumen, und wo
Den Sonnenschein,
Und Schatten der Erde?
Die Mauern stehn
Sprachlos und kalt, im Winde
Klirren die Fahnen.

NOVALIS (FRIEDRICH VON HARDENBERG)

Hymnen an die Nacht

(*Athenaeum*-Fassung)

2

Muß immer der Morgen wiederkommen? Endet nie des
Irdischen Gewalt? unselige Geschäftigkeit verzehrt den
himmlischen Anflug der Nacht. Wird nie der Liebe gehei-
mes Opfer ewig brennen? Zugemessen ward dem Lichte
seine Zeit; aber zeitlos und raumlos ist der Nacht Herrschaft. – Ewig ist die Dauer des Schlafs. Heiliger Schlaf –
beglücke zu selten nicht der Nacht Geweihte in diesem
irdischen Tagewerk. Nur die Toren verkennen dich und

wissen von keinem Schlafe, als den Schatten, den du in jener Dämmerung der wahrhaften Nacht mitleidig auf uns wirfst. Sie fühlen dich nicht in der goldnen Flut der Trauben – in des Mandelbaums Wunderöl, und dem braunen Safte des Mohns. Sie wissen nicht, daß du es bist der des zarten Mädchens Busen umschwebt und zum Himmel den Schoß macht – ahnden nicht, daß aus alten Geschichten du himmelöffnend entgegentrittst und den Schlüssel trägst zu den Wohnungen der Seligen, unendlicher Geheimnisse schweigender Bote.

Wenn nicht mehr Zahlen und Figuren
Sind Schlüssel aller Kreaturen,
Wenn die, so singen oder küssen,
Mehr als die Tiefgelehrten wissen,
Wenn sich die Welt in's freie Leben,
Und in die Welt wird zurück begeben,
Wenn dann sich wieder Licht und Schatten
Zu echter Klarheit werden gatten,
Und man in Märchen und Gedichten
Erkennt die ewgen Weltgeschichten,
Dann fliegt vor Einem geheimen Wort
Das ganze verkehrte Wesen fort.

LUDWIG TIECK

Melankolie

Schwarz war die Nacht und dunkle Sterne brannten
Durch Wolkenschleier matt und bleich,
Die Flur durchstrich das Geisterreich,
Als feindlich sich die Parzen abwärts wandten,
Und zorn'ge Götter mich ins Leben sandten.

Die Eule sang mir grause Wiegenlieder
Und schrie mir durch die stille Ruh
Ein gräßliches: Willkommen! zu.
Der bleiche Gram und Jammer sanken nieder
Und grüßten mich als längst gekannte Brüder.

Da sprach der Gram in banger Geisterstunde:
Du bist zu Qualen eingeweiht,
Ein Ziel des Schicksals Grausamkeit,
Die Bogen sind gespannt und jede Stunde
Schlägt grausam dir stets neue blut'ge Wunde.

Dich werden alle Menschenfreuden fliehen,
Dich spricht kein Wesen freundlich an,
Du gehst die wüste Felsenbahn,
Wo Klippen drohn, wo keine Blumen blühen,
Der Sonne Strahlen heiß und heißer glühen.

Die Liebe, die der Schöpfung All durchklingt,
Der Schirm in Jammer und in Leiden,
Die Blüte aller Menschenfreuden,
Die unser Herz zum höchsten Himmel schwingt,
Wo Durst aus sel'gem Born Erquicken trinkt,

Die Liebe sei auf ewig dir versagt.
Das Tor ist hinter dir geschlossen,
Auf der Verzweiflung wilden Rossen
Wirst du durchs öde Leben hingejagt,
Wo keine Freude dir zu folgen wagt.

Dann sinkst du in die ew'ge Nacht zurück,
Sieh tausend Elend auf dich zielen,
Im Schmerz dein Dasein nur zu fühlen!
Ja erst im ausgelöschten Todesblick
Begrüßt voll Mitleid dich das erste Glück. –

Wunder der Liebe

Glosse

> Mondbeglänzte Zaubernacht,
> Die den Sinn gefangen hält,
> Wundervolle Märchenwelt,
> Steig auf in der alten Pracht!

Liebe läßt sich suchen, finden,
Niemals lernen, oder lehren,
Wer da will die Flamm' entzünden
Ohne selbst sich zu verzehren,
Muß sich reinigen der Sünden.
Alles schläft, weil er noch wacht,
Wann der Stern der Liebe lacht,
Goldne Augen auf ihn blicken,
Schaut er trunken von Entzücken
Mondbeglänzte Zaubernacht.

Aber nie darf er erschrecken,
Wenn sich Wolken dunkel jagen,
Finsternis die Sterne decken,
Kaum der Mond es noch will wagen,
Einen Schimmer zu erwecken.
Ewig steht der Liebe Zelt,
Von dem eignen Licht erhellt,
Aber Mut nur kann zerbrechen,
Was die Furcht will ewig schwächen,
Die den Sinn gefangen hält.

Keiner Liebe hat gefunden,
Dem ein trüber Ernst beschieden,
Flüchtig sind die goldnen Stunden,
Welche immer den vermieden,
Den die bleiche Sorg' umwunden:
Wer die Schlange an sich hält,
Dem ist Schatten vorgestellt,
Alles was die Dichter sangen,
Nennt der Arme, eingefangen,
Wundervolle Märchenwelt.

Herz im Glauben auferblühend
Fühlt alsbald die goldnen Scheine,
Die es lieblich in sich ziehend
Macht zu eigen sich und seine,
In der schönsten Flamme glühend.
Ist das Opfer angefacht,
Wird's dem Himmel dargebracht,
Hat dich Liebe angenommen,
Auf dem Altar hell entglommen
Steig auf in der alten Pracht.

HEINRICH VON KLEIST

Katharina von Frankreich
(als der schwarze Prinz um sie warb)

Man sollt ihm Maine und Anjou
Übergeben.
Was weiß ich, was er alles
Mocht erstreben.
Und jetzt begehrt er nichts mehr,
Als die eine –
Ihr Menschen, eine Brust her,
Daß ich weine!

CLEMENS BRENTANO

Zu Bacharach am Rheine
Wohnt eine Zauberin,
Sie war so schön und feine
Und riß viel Herzen hin.

Und brachte viel zu schanden
Der Männer rings umher,
Aus ihren Liebesbanden
War keine Rettung mehr.

Der Bischof ließ sie laden
Vor geistliche Gewalt –
Und mußte sie begnaden,
So schön war ihr Gestalt.

Er sprach zu ihr gerühret:
»Du arme Lore Lay!
Wer hat dich denn verführet
Zu böser Zauberei?«

»Herr Bischof laßt mich sterben,
Ich bin des Lebens müd,
Weil jeder muß verderben,
Der meine Augen sieht.

Die Augen sind zwei Flammen,
Mein Arm ein Zauberstab –
O legt mich in die Flammen!
O brechet mir den Stab!«

»Ich kann dich nicht verdammen,
Bis du mir erst bekennt,
Warum in diesen Flammen
Mein eigen Herz schon brennt.

Den Stab kann ich nicht brechen,
Du schöne Lore Lay!
Ich müßte dann zerbrechen
Mein eigen Herz entzwei.«

»Herr Bischof mit mir Armen
Treibt nicht so bösen Spott,
Und bittet um Erbarmen,
Für mich den lieben Gott.

Ich darf nicht länger leben,
Ich liebe keinen mehr –
Den Tod sollt Ihr mir geben,
Drum kam ich zu Euch her. –

Mein Schatz hat mich betrogen,
Hat sich von mir gewandt,
Ist fort von hier gezogen,
Fort in ein fremdes Land.

Die Augen sanft und wilde,
Die Wangen rot und weiß,
Die Worte still und milde
Das ist mein Zauberkreis.

Ich selbst muß drin verderben,
Das Herz tut mir so weh,
Vor Schmerzen möcht ich sterben,
Wenn ich mein Bildnis seh.

Drum laßt mein Recht mich finden,
Mich sterben, wie ein Christ,
Denn alles muß verschwinden,
Weil er nicht bei mir ist.«

Drei Ritter läßt er holen:
»Bringt sie ins Kloster hin,
Geh Lore! – Gott befohlen
Sei dein berückter Sinn.

Du sollst ein Nönnchen werden,
Ein Nönnchen schwarz und weiß,
Bereite dich auf Erden
Zu deines Todes Reis'.«

Zum Kloster sie nun ritten,
Die Ritter alle drei,
Und traurig in der Mitten
Die schöne Lore Lay.

»O Ritter laßt mich gehen,
Auf diesen Felsen groß,
Ich will noch einmal sehen
Nach meines Lieben Schloß.

Ich will noch einmal sehen
Wohl in den tiefen Rhein,
Und dann ins Kloster gehen
Und Gottes Jungfrau sein.«

Der Felsen ist so jähe,
So steil ist seine Wand,
Doch klimmt sie in die Höhe,
Bis daß sie oben stand.

Es binden die drei Ritter,
Die Rosse unten an,
Und klettern immer weiter,
Zum Felsen auch hinan.

Die Jungfrau sprach: »Da gehet
Ein Schifflein auf dem Rhein,
Der in dem Schifflein stehet,
Der soll mein Liebster sein.

Mein Herz wird mir so munter,
Er muß mein Liebster sein! –«
Da lehnt sie sich hinunter
Und stürzet in den Rhein.

Die Ritter mußten sterben,
Sie konnten nicht hinab,
Sie mußten all verderben,
Ohn' Priester und ohn' Grab.

Wer hat dies Lied gesungen?
Ein Schiffer auf dem Rhein,
Und immer hat's geklungen
Von dem drei Ritterstein:*

      Lore Lay
      Lore Lay
      Lore Lay

Als wären es meiner drei.

---

* Bei Bacharach steht dieser Felsen, Lore Lay genannt, alle vorbeifahrende
  Schiffer rufen ihn an, und freuen sich des vielfachen Echos.

Der Spinnerin Nachtlied

Es sang vor langen Jahren
Wohl auch die Nachtigall,
Das war wohl süßer Schall,
Da wir zusammen waren.

Ich sing und kann nicht weinen,
Und spinne so allein
Den Faden klar und rein
So lang der Mond wird scheinen.

Als wir zusammen waren
Da sang die Nachtigall
Nun mahnet mich ihr Schall
Daß du von mir gefahren.

So oft der Mond mag scheinen,
Denk ich wohl dein allein,
Mein Herz ist klar und rein,
Gott wolle uns vereinen.

Seit du von mir gefahren,
Singt stets die Nachtigall,
Ich denk bei ihrem Schall,
Wie wir zusammen waren.

Gott wolle uns vereinen
Hier spinn ich so allein,
Der Mond scheint klar und rein,
Ich sing und möchte weinen.

Über eine Skizze

Verzweiflung an der Liebe in der Liebe

In Liebeskampf? In Todeskampf gesunken?
Ob Atem noch von ihren Lippen fließt?
Ob ihr der Krampf den kleinen Mund verschließt?
Kein Öl die Lampe? oder keinen Funken?

Der Jüngling – betend? tot? in Liebe trunken?
Ob er der Jungfrau höchste Gunst genießt?
Was ist's, das der gefallne Becher gießt?
Hat Gift, hat Wein, hat Balsam sie getrunken.

Des Jünglings Arme, Engelsflügel werden –
Nein Mantelsfalten – Leichentuches Falten.
Um sie strahlt Heil'genschein – zerraufte Haare.

Strahl Himmelslicht, flamm Hölle zu der Erde
Brich der Verzweiflung rasende Gewalten,
Enthüll – verhüll – das Freudenbett – die Bahre.

Wenn der lahme Weber träumt, er webe,
Träumt die kranke Lerche auch, sie schwebe,
Träumt die stumme Nachtigall, sie singe,
Daß das Herz des Widerhalls zerspringe,
Träumt das blinde Huhn, es zähl' die Kerne,
Und der drei je zählte kaum, die Sterne,
Träumt das starre Erz, gar linde tau' es,
Und das Eisenherz, ein Kind vertrau' es,
Träumt die taube Nüchternheit, sie lausche,
Wie der Traube Schüchternheit berausche;
Kömmt dann Wahrheit mutternackt gelaufen,
Führt der hellen Töne Glanzgefunkel
Und der grellen Lichter Tanz durchs Dunkel,
Rennt den Traum sie schmerzlich übern Haufen,
Horch! die Fackel lacht, horch! Schmerz-Schalmeien
Der erwachten Nacht ins Herz all schreien;
Weh, ohn' Opfer gehn die süßen Wunder,
Gehn die armen Herzen einsam unter!

ADELBERT VON CHAMISSO

Tragische Geschichte

's war einer, dem's zu Herzen ging,
Daß ihm der Zopf so hinten hing,
    Er wollt' es anders haben.

So denkt er denn: »Wie fang ich's an?
Ich dreh mich um, so ist's getan —«
    Der Zopf, der hängt ihm hinten.

Da hat er flink sich umgedreht,
Und wie es stund, es annoch steht –
  Der Zopf, der hängt ihm hinten.

Da dreht er schnell sich anders 'rum,
's wird aber noch nicht besser drum –
  Der Zopf, der hängt ihm hinten.

Er dreht sich links, er dreht sich rechts,
Es tut nichts Guts, es tut nichts Schlechts –
  Der Zopf, der hängt ihm hinten.

Er dreht sich wie ein Kreisel fort,
Es hilft zu nichts, in einem Wort –
  Der Zopf, der hängt ihm hinten.

Und seht, er dreht sich immer noch
Und denkt: »Es hilft am Ende doch –«
  Der Zopf, der hängt ihm hinten.

JUSTINUS KERNER

Der Wanderer in der Sägmühle

Dort unten in der Mühle
Saß ich in süßer Ruh'
Und sah dem Räderspiele
Und sah den Wassern zu.

Sah zu der blanken Säge,
Es war mir wie ein Traum,
Die bahnte lange Wege
In einen Tannenbaum.

158

Die Tanne war wie lebend,
In Trauermelodie,
Durch alle Fasern bebend,
Sang diese Worte sie:

Du kehrst zur rechten Stunde,
O Wanderer, hier ein,
Du bist's, für den die Wunde
Mir dringt ins Herz hinein!

Du bist's, für den wird werden,
Wenn kurz gewandert du,
Dies Holz im Schoß der Erden
Ein Schrein zur langen Ruh'.

Vier Bretter sah ich fallen,
Mir ward's ums Herze schwer,
Ein Wörtlein wollt' ich lallen,
Da ging das Rad nicht mehr.

LUDWIG UHLAND

Der gute Kamerad

Ich hatt' einen Kameraden,
Einen bessern findst du nit.
Die Trommel schlug zum Streite,
Er ging an meiner Seite
In gleichem Schritt und Tritt.

Eine Kugel kam geflogen,
Gilt's mir oder gilt es dir?

Ihn hat es weggerissen,
Er liegt mir vor den Füßen,
Als wär's ein Stück von mir.

Will mir die Hand noch reichen,
Derweil ich eben lad.
Kann dir die Hand nicht geben,
Bleib du im ew'gen Leben
Mein guter Kamerad!

Fräuleins Wache

Ich geh all Nacht die Runde
Um Vaters Hof und Hall'.
Es schlafen zu dieser Stunde
Die trägen Wächter all.
Ich Fräulein zart muß streifen,
Ohn' Wehr und Waffen schweifen,
Den Feind der Nacht zu greifen.

O weh des schlimmen Gesellen!
Nach Argem steht sein Sinn.
Würd' ich nicht kühn mich stellen,
Wohl stieg' er über die Zinn'.
Wann ich denselben finde,
Wie er lauert bei der Linde,
Ich widersag ihm geschwinde.

Da muß ich mit ihm ringen
Allein die Nacht entlang;
Er will mich stets umschlingen,
Wie eine wilde Schlang';
Er kommt vom Höllengrunde,
Wie aus eins Drachen Schlunde,
Gehn Flammen aus seinem Munde.

Und hab ich ihn überwunden,
Halt ihn im Arme dicht:
Doch eh' die Sterne geschwunden,
Entschlüpft mir stets der Wicht.
Ich kann ihn niemand zeigen,
Muß meinen Sieg verschweigen
Und mich in Trauer neigen.

Heimkehr

O brich nicht, Steg, du zitterst sehr!
O stürz nicht, Fels, du dräuest schwer!
Welt, geh nicht unter, Himmel, fall nicht ein,
Eh' ich mag bei der Liebsten sein!

JOSEPH VON EICHENDORFF

Frische Fahrt

Laue Luft kommt blau geflossen,
Frühling, Frühling soll es sein!
Waldwärts Hörnerklang geschossen
Mutger Augen lichter Schein;
Und das Wirren bunt und bunter
Wird ein magisch wilder Fluß,
In die schöne Welt hinunter
Lockt dich dieses Stromes Gruß.

Und ich mag mich nicht bewahren!
Weit von euch treibt mich der Wind,
Auf dem Strome will ich fahren,
Von dem Glanze selig blind!

Tausend Stimmen lockend schlagen,
Hoch Aurora flammend weht,
Fahre zu! Ich mag nicht fragen,
Wo die Fahrt zu Ende geht!

Sehnsucht

Es schienen so golden die Sterne,
Am Fenster ich einsam stand
Und hörte aus weiter Ferne
Ein Posthorn im stillen Land.
Das Herz mir im Leib entbrennte,
Da hab ich mir heimlich gedacht:
Ach, wer da mitreisen könnte
In der prächtigen Sommernacht!

Zwei junge Gesellen gingen
Vorüber am Bergeshang,
Ich hörte im Wandern sie singen
Die stille Gegend entlang:
Von schwindelnden Felsenschlüften,
Wo die Wälder rauschen so sacht,
Von Quellen, die von den Klüften
Sich stürzen in die Waldesnacht.

Sie sangen von Marmorbildern,
Von Gärten, die überm Gestein
In dämmernden Lauben verwildern,
Palästen im Mondenschein,
Wo die Mädchen am Fenster lauschen,
Wann der Lauten Klang erwacht
Und die Brunnen verschlafen rauschen
In der prächtigen Sommernacht.

Die Heimat

An meinen Bruder

Denkst du des Schlosses noch auf stiller Höh?
Das Horn lockt nächtlich dort, als obs dich riefe,
Am Abgrund grast das Reh,
Es rauscht der Wald verwirrend aus der Tiefe –
O stille, wecke nicht, es war als schliefe
Da drunten ein unnennbar Weh.

Kennst du den Garten? – Wenn sich Lenz erneut,
Geht dort ein Mädchen auf den kühlen Gängen
Still durch die Einsamkeit,
Und weckt den leisen Strom von Zauberklängen,
Als ob die Blumen und die Bäume sängen
Rings von der alten schönen Zeit.

Ihr Wipfel und ihr Bronnen rauscht nur zu!
Wohin du auch in wilder Lust magst dringen,
Du findest nirgends Ruh,
Erreichen wird dich das geheime Singen, –
Ach, dieses Bannes zauberischen Ringen
Entfliehn wir nimmer, ich und du!

Mondnacht

Es war, als hätt der Himmel
Die Erde still geküßt,
Daß sie im Blütenschimmer
Von ihm nun träumen müßt.

Die Luft ging durch die Felder,
Die Ähren wogten sacht,
Es rauschten leis die Wälder,
So sternklar war die Nacht.

Und meine Seele spannte
Weit ihre Flügel aus,
Flog durch die stillen Lande,
Als flöge sie nach Haus.

Der alte Garten

Kaiserkron und Päonien rot,
Die müssen verzaubert sein,
Denn Vater und Mutter sind lange tot,
Was blühn sie hier so allein?

Der Springbrunn plaudert noch immerfort
Von der alten schönen Zeit,
Eine Frau sitzt eingeschlafen dort,
Ihre Locken bedecken ihr Kleid.

Sie hat eine Laute in der Hand,
Als ob sie im Schlafe spricht,
Mir ist, als hätt ich sie sonst gekannt –
Still, geh vorbei und weck sie nicht!

Und wenn es dunkelt das Tal entlang,
Streift sie die Saiten sacht,
Da gibts einen wunderbaren Klang
Durch den Garten die ganze Nacht.

FRIEDRICH RÜCKERT

Chidher

Chidher, der ewig junge, sprach:
Ich fuhr an einer Stadt vorbei,
Ein Mann im Garten Früchte brach;
Ich fragte, seit wann die Stadt hier sei?
Er sprach, und pflückte die Früchte fort:
Die Stadt steht ewig an diesem Ort,
Und wird so stehen ewig fort.

 Und aber nach fünfhundert Jahren
 Kam ich desselbigen Wegs gefahren.

Da fand ich keine Spur der Stadt;
Ein einsamer Schäfer blies die Schalmei,
Die Herde weidete Laub und Blatt;
Ich fragte: Wie lang ist die Stadt vorbei?
Er sprach, und blies auf dem Rohre fort:
Das eine wächst wenn das andere dorrt;
Das ist mein ewiger Weideort.

 Und aber nach fünfhundert Jahren
 Kam ich desselbigen Wegs gefahren.

Da fand ich ein Meer, das Wellen schlug,
Ein Fischer warf die Netze frei:
Und als er ruhte vom schweren Zug,
Fragt ich, seit wann das Meer hier sei?
Er sprach, und lachte meinem Wort:
Solang als schäumen die Wellen dort,
Fischt man und fischt man in diesem Port.

 Und aber nach fünfhundert Jahren
 Kam ich desselbigen Wegs gefahren.

Da fand ich einen waldigen Raum,
Und einen Mann in der Siedelei,
Er fällte mit der Axt den Baum;
Ich fragte, wie alt der Wald hier sei?
Er sprach: Der Wald ist ein ewiger Hort;
Schon ewig wohn ich an diesem Ort,
Und ewig wachsen die Bäum hier fort.

Und aber nach fünfhundert Jahren
Kam ich desselbigen Wegs gefahren.

Da fand ich eine Stadt, und laut
Erschallte der Markt vom Volksgeschrei.
Ich fragte: Seit wann ist die Stadt erbaut?
Wohin ist Wald und Meer und Schalmei?
Sie schrien, und hörten nicht mein Wort:
So ging es ewig an diesem Ort,
Und wird so gehen ewig fort.

Und aber nach fünfhundert Jahren
Will ich desselbigen Weges fahren.

Amara, bittre, was du tust, ist bitter,
Wie du die Füße rührst, die Arme lenkest,
Wie du die Augen hebst, wie du sie senkest,
Die Lippen auftust oder zu, ist's bitter.

Ein jeder Gruß ist, den du schenkest, bitter,
Bitter ein jeder Kuß, den du nicht schenkest,
Bitter ist, was du sprichst und was du denkest,
Und was du hast, und was du bist, ist bitter.

Voraus kommt eine Bitterkeit gegangen,
Zwo Bitterkeiten gehn dir zu den Seiten,
Und eine folgt den Spuren deiner Füße.

O du mit Bitterkeiten rings umfangen,
Wer dächte, daß mit all den Bitterkeiten
Du doch mir bist im innern Kern so süße.

Du bist die Ruh,
Der Friede mild,
Die Sehnsucht du,
Und was sie stillt.

Ich weihe dir
Voll Lust und Schmerz
Zur Wohnung hier
Mein Aug und Herz.

Kehr ein bei mir,
Und schließe du
Still hinter dir
Die Pforten zu.

Treib andern Schmerz
Aus dieser Brust.
Voll sei dies Herz
Von deiner Lust.

Dies Augenzelt
Von deinem Glanz
Allein erhellt,
O füll es ganz.

FRANZ GRILLPARZER

Der Halbmond glänzet am Himmel

Der Halbmond glänzet am Himmel,
Und es ist neblicht und kalt.
Gegrüßt sei du Halber dort oben,
Wie du, bin ich einer, der halb.

Halb gut, halb übel geboren,
Und dürftig in beider Gestalt,
Mein Gutes ohne Würde,
Das Böse ohne Gewalt.

Halb schmeckt' ich die Freuden des Lebens,
Nichts ganz als meine Reu';
Die ersten Bissen genossen,
Schien alles mir einerlei.

Halb gab ich mich hin den Musen,
Und sie erhörten mich halb;
Hart auf der Hälfte des Lebens
Entflohn sie und ließen mich alt.

Und also sitz ich verdrossen,
Doch läßt die Zersplitterung nach;
Die leere Hälfte der Seele
Verdrängt die noch volle gemach.

Cherubin

Wer bist du, die in meines Herzens Tiefen,
die nie der Liebe Sonnenblick durchstrahlt,
mit unbekannter Zaubermacht gegriffen?
Wer bist du, süße, reizende Gestalt?
Gefühle, die im Grund der Seele schliefen,
hast du geweckt mit magischer Gewalt;
gefesselt ist mein ganzes, tiefstes Wesen,
und Kraft und Wille fehlt, das Band zu lösen!

Seh ich der Glieder zarte Fülle prangen,
entstellt durchs schöngeschmückte Knabenkleid,
das süße Rot der schamgefärbten Wangen,
die blöde, knabenhafte Schüchternheit,
das dunkle, erst erwachende Verlangen,
das brennend wünscht und zu begehren scheut,
den Flammenblick scheu in den Grund gegraben;
so scheinst du mir der reizendste der Knaben!

Doch seh ich dieses Busens Wallen wieder,
verräterisch durchs neid'sche Kleid gebläht,
des Nacken Silber, gleich des Schwans Gefieder,
vom weichen, seidnen Lockenhaar umweht,
hör ich den hellen Klang der Zauberlieder
und was ein jeder Sinn noch leis erspäht,
horch ich des Herzens ahndungsvollen Tönen;
so nenn ich dich die Krone aller Schönen!

Schlicht diesen Streit von kämpfenden Gefühlen,
bezähme dieses siedend heiße Blut,
laß meinen Blick in diesen Reizen wühlen,
laß mich der Lippen fieberische Glut
in dieses Busens regen Wellen kühlen,
und meiner Küsse räuberische Flut
soll das Geheimnis dir im Sturm entreißen,
welch ein Geschlecht du würdigst sein zu heißen.

Entsagung

Eins ist, was altergraue Zeiten lehren
Und lehrt die Sonne, die erst heut getagt:
Des Menschen ew'ges Los, es heißt: Entbehren,
Und kein Besitz, als den du dir versagt.

Die Speise, so erquicklich deinem Munde,
Beim frohen Fest genippter Götterwein,
Des Teuren Kuß auf deinem heißen Munde,
Dein wär's? Sieh zu! ob du vielmehr nicht sein.

Denn der Natur alther notwend'ge Mächte,
Sie hassen, was sich freie Bahnen zieht,
Als vorenthalten ihrem ew'gen Rechte,
Und reißen's lauernd in ihr Machtgebiet.

All, was du hältst, davon bist du gehalten,
Und wo du herrschest, bist du auch der Knecht.
Es sieht Genuß sich vom Bedarf gespalten,
Und eine Pflicht knüpft sich an jedes Recht.

Nur was du abweist, kann dir wieder kommen.
Was du verschmähst, naht ewig schmeichelnd sich,
Und in dem Abschied, vom Besitz genommen,
Erhältst du dir das einzig deine: Dich!

WILHELM MÜLLER

Der Lindenbaum

Am Brunnen vor dem Tore
Da steht ein Lindenbaum:
Ich träumt' in seinem Schatten
So manchen süßen Traum.

Ich schnitt in seine Rinde
So manches liebe Wort;
Es zog in Freud und Leide
Zu ihm mich immer fort.

Ich mußt' auch heute wandern
Vorbei in tiefer Nacht,
Da hab ich noch im Dunkel
Die Augen zugemacht.

Und seine Zweige rauschten,
Als riefen sie mir zu:
Komm her zu mir, Geselle,
Hier findst du deine Ruh!

Die kalten Winde bliesen
Mir grad ins Angesicht,
Der Hut flog mir vom Kopfe,
Ich wendete mich nicht.

Nun bin ich manche Stunde
Entfernt von jenem Ort,
Und immer hör ich's rauschen:
Du fändest Ruhe dort!

Tristan

Wer die Schönheit angeschaut mit Augen,
Ist dem Tode schon anheimgegeben,
Wird für keinen Dienst auf Erden taugen,
Und doch wird er vor dem Tode beben,
Wer die Schönheit angeschaut mit Augen!

Ewig währt für ihn der Schmerz der Liebe,
Denn ein Tor nur kann auf Erden hoffen,
Zu genügen einem solchen Triebe:
Wen der Pfeil des Schönen je getroffen,
Ewig währt für ihn der Schmerz der Liebe!

Ach, er möchte wie ein Quell versiechen,
Jedem Hauch der Luft ein Gift entsaugen
Und den Tod aus jeder Blume riechen:
Wer die Schönheit angeschaut mit Augen,
Ach, er möchte wie ein Quell versiechen!

Es liegt an eines Menschen Schmerz, an eines Menschen
Wunde nichts,
Es kehrt an das, was Kranke quält, sich ewig der Gesunde
nichts,
Und wäre nicht das Leben kurz, das stets der Mensch vom
Menschen erbt,
So gäb's Beklagenswerteres auf diesem weiten Runde nichts.
Einförmig stellt Natur sich her, doch tausendförmig ist ihr
Tod,
Es fragt die Welt nach meinem Ziel, nach deiner letzten
Stunde nichts.

Und wer sich willig nicht ergibt dem ehrnen Lose, das ihm
dräut,
Der zürnt ins Grab sich rettungslos und fühlt in dessen
Schlunde nichts.
Dies wissen alle, doch vergißt es jeder gerne jeden Tag.
So komme denn, in diesem Sinn, hinfort aus meinem Munde
nichts!
Vergeßt, daß euch die Welt betrügt, und daß ihr Wunsch
nur Wünsche zeugt,
Laßt eurer Liebe nichts entgehn, entschlüpfen eurer Kunde
nichts!
Es hoffe jeder, daß die Zeit ihm gebe, was sie keinem gab,
Denn jeder sucht ein All zu sein und jeder ist im Grunde
nichts.

Wer wußte je das Leben recht zu fassen,
Wer hat die Hälfte nicht davon verloren
Im Traum, im Fieber, im Gespräch mit Toren,
In Liebesqual, im leeren Zeitverprassen?

Ja, der sogar, der ruhig und gelassen,
Mit dem Bewußtsein, was er soll, geboren,
Frühzeitig einen Lebensgang erkoren,
Muß vor des Lebens Widerspruch erblassen.

Denn jeder hofft doch, daß das Glück ihm lache,
Allein das Glück, wenn's wirklich kommt, ertragen,
Ist keines Menschen, wäre Gottes Sache.

Auch kommt es nie, wir wünschen bloß und wagen:
Dem Schläfer fällt es nimmermehr vom Dache,
Und auch der Läufer wird es nicht erjagen.

Das Grab im Busento

Nächtlich am Busento lispeln, bei Cosenza, dumpfe Lieder,
Aus den Wassern schallt es Antwort, und in Wirbeln klingt
es wider!

Und den Fluß hinauf, hinunter, ziehn die Schatten tapfrer
Goten,
Die den Alarich beweinen, ihres Volkes besten Toten.

Allzufrüh und fern der Heimat mußten hier sie ihn
begraben,
Während noch die Jugendlocken seine Schulter blond
umgaben.

Und am Ufer des Busento reihten sie sich um die Wette,
Um die Strömung abzuleiten, gruben sie ein frisches Bette.

In der wogenleeren Höhlung wühlten sie empor die Erde,
Senkten tief hinein den Leichnam, mit der Rüstung, auf dem
Pferde.

Deckten dann mit Erde wieder ihn und seine stolze Habe,
Daß die hohen Stromgewächse wüchsen aus dem
Heldengrabe.

Abgelenkt zum zweiten Male, ward der Fluß
herbeigezogen:
Mächtig in ihr altes Bette schäumten die Busentowogen.

Und es sang ein Chor von Männern: »Schlaf in deinen
Heldenehren!
Keines Römers schnöde Habsucht soll dir je dein Grab
versehren!«

Sangen's, und die Lobgesänge tönten fort im Gotenheere;
Wälze sie, Busentowelle, wälze sie von Meer zu Meere!

HEINRICH HEINE

Belsatzar

Die Mitternacht zog näher schon;
In stummer Ruh lag Babylon.

Nur oben in des Königs Schloß,
Da flackert's, da lärmt des Königs Troß.

Dort oben in dem Königssaal
Belsatzar hielt sein Königsmahl.

Die Knechte saßen in schimmernden Reihn,
Und leerten die Becher mit funkelndem Wein.

Es klirrten die Becher, es jauchzten die Knecht;
So klang es dem störrigen Könige recht.

Des Königs Wangen leuchten Glut;
Im Wein erwuchs ihm kecker Mut.

Und blindlings reißt der Mut ihn fort;
Und er lästert die Gottheit mit sündigem Wort.

Und er brüstet sich frech, und lästert wild;
Die Knechtenschar ihm Beifall brüllt.

Der König rief mit stolzem Blick;
Der Diener eilt und kehrt zurück.

Er trug viel gülden Gerät auf dem Haupt;
Das war aus dem Tempel Jehovahs geraubt.

Und der König ergriff mit frevler Hand
Einen heiligen Becher, gefüllt bis am Rand.

Und er leert ihn hastig bis auf den Grund,
Und rufet laut mit schäumendem Mund:

Jehovah! dir künd ich auf ewig Hohn, –
Ich bin der König von Babylon!

Doch kaum das grause Wort verklang,
Dem König ward's heimlich im Busen bang.

Das gellende Lachen verstummte zumal;
Es wurde leichenstill im Saal.

Und sieh! und sieh! an weißer Wand
Da kam's hervor wie Menschenhand;

Und schrieb, und schrieb an weißer Wand
Buchstaben von Feuer, und schrieb und schwand.

Der König stieren Blicks da saß,
Mit schlotternden Knien und totenblaß.

Die Knechtenschar saß kalt durchgraut,
Und saß gar still, gab keinen Laut.

Die Magier kamen, doch keiner verstand
Zu deuten die Flammenschrift an der Wand.

Belsatzar ward aber in selbiger Nacht
Von seinen Knechten umgebracht.

Die Welt ist dumm, die Welt ist blind,
Wird täglich abgeschmackter!
Sie spricht von dir, mein schönes Kind,
Du hast keinen guten Charakter.

Die Welt ist dumm, die Welt ist blind.
Und dich wird sie immer verkennen;
Sie weiß nicht wie süß deine Küsse sind,
Und wie sie beseligend brennen.

Sie saßen und tranken am Teetisch,
Und sprachen von Liebe viel.
Die Herren, die waren ästhetisch,
Die Damen von zartem Gefühl.

Die Liebe muß sein platonisch,
Der dürre Hofrat sprach.
Die Hofrätin lächelt ironisch,
Und dennoch seufzet sie: Ach!

Der Domherr öffnet den Mund weit:
Die Liebe sei nicht zu roh,
Sie schadet sonst der Gesundheit.
Das Fräulein lispelt: Wieso?

Die Gräfin spricht wehmütig:
Die Liebe ist eine Passion!
Und präsentieret gütig
Die Tasse dem Herrn Baron.

Am Tische war noch ein Plätzchen;
Mein Liebchen, da hast du gefehlt.
Du hättest so hübsch, mein Schätzchen,
Von deiner Liebe erzählt.

Ich weiß nicht, was soll es bedeuten,
Daß ich so traurig bin;
Ein Märchen aus alten Zeiten,
Das kommt mir nicht aus dem Sinn.

Die Luft ist kühl und es dunkelt,
Und ruhig fließt der Rhein;
Der Gipfel des Berges funkelt
Im Abendsonnenschein.

Die schönste Jungfrau sitzet
Dort oben wunderbar,
Ihr goldnes Geschmeide blitzet,
Sie kämmt ihr goldenes Haar.

Sie kämmt es mit goldenem Kamme,
Und singt ein Lied dabei;
Das hat eine wundersame,
Gewaltige Melodei.

Den Schiffer im kleinen Schiffe
Ergreift es mit wildem Weh;
Er schaut nicht die Felsenriffe,
Er schaut nur hinauf in die Höh.

Ich glaube, die Wellen verschlingen
Am Ende Schiffer und Kahn;
Und das hat mit ihrem Singen
Die Lore-Ley getan.

Mein Herz, mein Herz ist traurig,
Doch lustig leuchtet der Mai;
Ich stehe, gelehnt an der Linde,
Hoch auf der alten Bastei.

Da drunten fließt der blaue
Stadtgraben in stiller Ruh;
Ein Knabe fährt im Kahne,
Und angelt und pfeift dazu.

Jenseits erheben sich freundlich,
In winziger, bunter Gestalt,
Lusthäuser, und Gärten, und Menschen,
Und Ochsen, und Wiesen, und Wald.

Die Mägde bleichen Wäsche,
Und springen im Gras herum;
Das Mühlrad stäubt Diamanten,
Ich höre sein fernes Gesumm.

Am alten grauen Turme
Ein Schilderhäuschen steht;
Ein rotgeröckter Bursche
Dort auf und nieder geht.

Er spielt mit seiner Flinte,
Die funkelt im Sonnenrot,
Er präsentiert und schultert –
Ich wollt, er schösse mich tot.

Seegespenst

Ich aber lag am Rande des Schiffes,
Und schaute, träumenden Auges,
Hinab in das spiegelklare Wasser,
Und schaute tiefer und tiefer –
Bis tief, im Meeresgrunde,
Anfangs wie dämmernde Nebel,
Jedoch allmählig farbenbestimmter,
Kirchenkuppel und Türme sich zeigten,
Und endlich, sonnenklar, eine ganze Stadt,
Altertümlich niederländisch,
Und menschenbelebt.
Bedächtige Männer, schwarzbemäntelt,
Mit weißen Halskrausen und Ehrenketten
Und langen Degen und langen Gesichtern,
Schreiten über den wimmelnden Marktplatz,
Nach dem treppenhohen Rathaus,
Wo steinerne Kaiserbilder
Wacht halten mit Zepter und Schwert.
Unferne, vor langen Häuserreihn,
Wo spiegelblanke Fenster
Und pyramidisch beschnittene Linden,
Wandeln seidenrauschende Jungfern,
Schlanke Leibchen, die Blumengesichter
Sittsam umschlossen von schwarzen Mützchen
Und hervorquellendem Goldhaar.
Bunte Gesellen, in spanischer Tracht,
Stolzieren vorüber und nicken.
Bejahrte Frauen,
In braunen, verschollnen Gewändern,
Gesangbuch und Rosenkranz in der Hand,
Eilen, trippelnden Schritts,
Nach dem großen Dome,
Getrieben von Glockengeläute
Und rauschendem Orgelton.

Mich selbst ergreift des fernen Klangs
Geheimnisvoller Schauer!
Unendliches Sehnen, tiefe Wehmut,
Beschleicht mein Herz,
Mein kaum geheiltes Herz; –
Mir ist als würden seine Wunden
Von lieben Lippen aufgeküßt,
Und täten wieder bluten, –
Heiße, rote Tropfen,
Die lang und langsam niederfalln
Auf ein altes Haus, dort unten
In der tiefen Meerstadt,
Auf ein altes, hochgegiebeltes Haus,
Das melancholisch menschenleer ist,
Nur daß am untern Fenster
Ein Mädchen sitzt,
Den Kopf auf den Arm gestützt,
Wie ein armes, vergessenes Kind –
Und ich kenne dich armes, vergessenes Kind!

So tief, meertief also
Verstecktest du dich vor mir,
Aus kindischer Laune,
Und konntest nicht mehr herauf,
Und saßest fremd unter fremden Leuten,
Jahrhunderte lang,
Derweilen ich, die Seele voll Gram,
Auf der ganzen Erde dich suchte,
Und immer dich suchte,
Du Immergeliebte,
Du Längstverlorene,
Du Endlichgefundene, –
Ich hab dich gefunden und schaue wieder
Dein süßes Gesicht,
Die klugen, treuen Augen,
Das liebe Lächeln –
Und nimmer will ich dich wieder verlassen,

Und ich komme hinab zu dir,
Und mit ausgebreiteten Armen
Stürz ich hinab an dein Herz –

Aber zur rechten Zeit noch
Ergriff mich beim Fuß der Kapitän,
Und zog mich vom Schiffsrand,
Und rief, ärgerlich lachend:
Doktor, sind Sie des Teufels?

Donna Clara

In dem abendlichen Garten
Wandelt des Alkaden Tochter;
Pauken- und Trommetenjubel
Klingt herunter von dem Schlosse.

»Lästig werden mir die Tänze
Und die süßen Schmeichelworte,
Und die Ritter, die so zierlich
Mich vergleichen mit der Sonne.

Überlästig wird mir alles,
Seit ich sah, beim Strahl des Mondes,
Jenen Ritter, dessen Laute
Nächtens mich ans Fenster lockte.

Wie er stand so schlank und mutig,
Und die Augen leuchtend schossen
Aus dem edelblassen Antlitz,
Glich er wahrlich Sankt Georgen.«

Also dachte Donna Clara,
Und sie schaute auf den Boden;
Wie sie aufblickt, steht der schöne,
Unbekannte Ritter vor ihr.

Händedrückend, liebeflüsternd,
Wandeln sie umher im Mondschein,
Und der Zephyr schmeichelt freundlich,
Märchenartig grüßen Rosen.

Märchenartig grüßen Rosen,
Und sie glühn wie Liebesboten. –
Aber sage mir, Geliebte,
Warum du so plötzlich rot wirst?

»Mücken stachen mich, Geliebter,
Und die Mücken sind, im Sommer,
Mir so tief verhaßt, als wären's
Langenas'ge Judenrotten.«

Laß die Mücken und die Juden,
Spricht der Ritter, freundlich kosend.
Von den Mandelbäumen fallen
Tausend weiße Blütenflocken.

Tausend weiße Blütenflocken
Haben ihren Duft ergossen. –
Aber sage mir, Geliebte,
Ist dein Herz mir ganz gewogen?

»Ja, ich liebe dich, Geliebter,
Bei dem Heiland sei's geschworen,
Den die gottverfluchten Juden
Boshaft tückisch einst ermordet.«

Laß den Heiland und die Juden,
Spricht der Ritter, freundlich kosend.
In der Ferne schwanken traumhaft
Weiße Liljen, lichtumflossen.

Weiße Liljen, lichtumflossen,
Blicken nach den Sternen droben. –
Aber sage mir, Geliebte,
Hast du auch nicht falsch geschworen?

»Falsch ist nicht in mir, Geliebter,
Wie in meiner Brust kein Tropfen
Blut ist von dem Blut der Mohren
Und des schmutzgen Judenvolkes.«

Laß die Mohren und die Juden,
Spricht der Ritter, freundlich kosend;
Und nach einer Myrtenlaube
Führt er die Alkadentochter.

Mit den weichen Liebesnetzen
Hat er heimlich sie umflochten;
Kurze Worte, lange Küsse,
Und die Herzen überflossen.

Wie ein schmelzend süßes Brautlied
Singt die Nachtigall, die holde;
Wie zum Fackeltanze hüpfen
Feuerwürmchen auf dem Boden.

In der Laube wird es stiller,
Und man hört nur, wie verstohlen,
Das Geflüster kluger Myrten
Und der Blumen Atemholen.

Aber Pauken und Trommeten
Schallen plötzlich aus dem Schlosse,
Und erwachend hat sich Clara
Aus des Ritters Arm gezogen.

»Horch! da ruft es mich, Geliebter;
Doch, bevor wir scheiden, sollst du
Nennen deinen lieben Namen,
Den du mir so lang verborgen.«

Und der Ritter, heiter lächelnd,
Küßt die Finger seiner Donna,
Küßt die Lippen und die Stirne,
Und er spricht zuletzt die Worte:

»Ich, Señora, Eur Geliebter,
Bin der Sohn des vielbelobten,
Großen, schriftgelehrten Rabbi
Israel von Saragossa.«

Doktrin

Schlage die Trommel und fürchte dich nicht,
Und küsse die Marketenderin!
Das ist die ganze Wissenschaft,
Das ist der Bücher tiefster Sinn.

Trommle die Leute aus dem Schlaf,
Trommle Reveille mit Jugendkraft,
Marschiere trommelnd immer voran,
Das ist die ganze Wissenschaft.

Das ist die Hegelsche Philosophie,
Das ist der Bücher tiefster Sinn!
Ich hab sie begriffen, weil ich gescheit,
Und weil ich ein guter Tambour bin.

Nachtgedanken

Denk ich an Deutschland in der Nacht,
Dann bin ich um den Schlaf gebracht,
Ich kann nicht mehr die Augen schließen,
Und meine heißen Tränen fließen.

Die Jahre kommen und vergehn!
Seit ich die Mutter nicht gesehn
Zwölf Jahre sind schon hingegangen;
Es wächst mein Sehnen und Verlangen.

Mein Sehnen und Verlangen wächst.
Die alte Frau hat mich behext,
Ich denke immer an die alte,
Die alte Frau, die Gott erhalte!

Die alte Frau hat mich so lieb,
Und in den Briefen, die sie schrieb,
Seh ich wie ihre Hand gezittert,
Wie tief das Mutterherz erschüttert.

Die Mutter liegt mir stets im Sinn.
Zwölf lange Jahre flossen hin,
Zwölf lange Jahre sind verflossen,
Seit ich sie nicht ans Herz geschlossen.

Deutschland hat ewigen Bestand,
Es ist ein kerngesundes Land,
Mit seinen Eichen, seinen Linden,
Werd ich es immer wiederfinden.

Nach Deutschland lechzt ich nicht so sehr,
Wenn nicht die Mutter dorten wär;
Das Vaterland wird nie verderben,
Jedoch die alte Frau kann sterben.

Seit ich das Land verlassen hab,
So viele sanken dort ins Grab,
Die ich geliebt – wenn ich sie zähle,
So will verbluten meine Seele.

Und zählen muß ich – Mit der Zahl
Schwillt immer höher meine Qual,
Mir ist als wälzten sich die Leichen
Auf meine Brust – Gottlob! sie weichen!

Gottlob! durch meine Fenster bricht
Französisch heitres Tageslicht;
Es kommt mein Weib, schön wie der Morgen,
Und lächelt fort die deutschen Sorgen.

Deutschland. Ein Wintermärchen

Caput I

Im traurigen Monat November war's,
Die Tage wurden trüber,
Der Wind riß von den Bäumen das Laub,
Da reist' ich nach Deutschland hinüber.

Und als ich an die Grenze kam,
Da fühlt' ich ein stärkeres Klopfen
In meiner Brust, ich glaube sogar,
Die Augen begunnen zu tropfen.

Und als ich die deutsche Sprache vernahm,
Da ward mir seltsam zumute;
Ich meinte nicht anders, als ob das Herz
Recht angenehm verblute.

Ein kleines Harfenmädchen sang.
Sie sang mit wahrem Gefühle
Und falscher Stimme, doch ward ich sehr
Gerühret von ihrem Spiele.

Sie sang von Liebe und Liebesgram,
Aufopfrung und Wiederfinden
Dort oben, in jener besseren Welt,
Wo alle Leiden schwinden.

Sie sang vom irdischen Jammertal,
Von Freuden, die bald zerronnen,
Vom Jenseits, wo die Seele schwelgt
Verklärt in ew'gen Wonnen.

Sie sang das alte Entsagungslied,
Das Eiapopeia vom Himmel,
Womit man einlullt, wenn es greint,
Das Volk, den großen Lümmel.

Ich kenne die Weise, ich kenne den Text,
Ich kenn auch die Herren Verfasser;
Ich weiß, sie tranken heimlich Wein
Und predigten öffentlich Wasser.

Ein neues Lied, ein besseres Lied,
O Freunde, will ich euch dichten!
Wir wollen hier auf Erden schon
Das Himmelreich errichten.

Wir wollen auf Erden glücklich sein
Und wollen nicht mehr darben;
Verschlemmen soll nicht der faule Bauch,
Was fleißige Hände erwarben.

Es wächst hienieden Brot genug
Für alle Menschenkinder,
Auch Rosen und Myrten, Schönheit und Lust,
Und Zuckererbsen nicht minder.

Ja, Zuckererbsen für jedermann
Sobald die Schoten platzen!
Den Himmel überlassen wir
Den Engeln und den Spatzen.

Und wachsen uns Flügel nach dem Tod,
So wollen wir euch besuchen
Dort oben, und wir, wir essen mit euch
Die seligsten Torten und Kuchen.

Ein neues Lied, ein besseres Lied,
Es klingt wie Flöten und Geigen!
Das Miserere ist vorbei,
Die Sterbeglocken schweigen.

Die Jungfer Europa ist verlobt
Mit dem schönen Geniusse
Der Freiheit, sie liegen einander im Arm,
Sie schwelgen im ersten Kusse.

Und fehlt der Pfaffensegen dabei,
Die Ehe wird gültig nicht minder –
Es lebe Bräutigam und Braut,
Und ihre zukünftigen Kinder!

Ein Hochzeitkarmen ist mein Lied,
Das bessere, das neue!
In meiner Seele gehen auf
Die Sterne der höchsten Weihe –

Begeisterte Sterne, sie lodern wild,
Zerfließen in Flammenbächen –
Ich fühle mich wunderbar erstarkt,
Ich könnte Eichen zerbrechen!

Seit ich auf deutsche Erde trat,
Durchströmen mich Zaubersäfte –
Der Riese hat wieder die Mutter berührt,
Und es wuchsen ihm neu die Kräfte.

ANNETTE VON DROSTE-HÜLSHOFF

Am Turme

Ich steh auf hohem Balkone am Turm,
Umstrichen vom schreienden Stare,
Und laß gleich einer Mänade den Sturm
Mir wühlen im flatternden Haare;
O wilder Geselle, o toller Fant,
Ich möchte dich kräftig umschlingen,
Und, Sehne an Sehne, zwei Schritte vom Rand
Auf Tod und Leben dann ringen!

Und drunten seh ich am Strand, so frisch
Wie spielende Doggen, die Wellen
Sich tummeln rings mit Geklaff und Gezisch,
Und glänzende Flocken schnellen.
Oh, springen möcht' ich hinein alsbald,
Recht in die tobende Meute,
Und jagen durch den korallenen Wald
Das Wallroß, die lustige Beute!

Und drüben seh ich ein Wimpel wehn
So keck wie eine Standarte,
Seh auf und nieder den Kiel sich drehn
Von meiner luftigen Warte;
Oh, sitzen möcht' ich im kämpfenden Schiff,
Das Steuerruder ergreifen,
Und zischend über das brandende Riff
Wie eine Seemöwe streifen.

Wär' ich ein Jäger auf freier Flur,
Ein Stück nur von einem Soldaten,
Wär' ich ein Mann doch mindestens nur,
So würde der Himmel mir raten;
Nun muß ich sitzen so fein und klar,
Gleich einem artigen Kinde,
Und darf nur heimlich lösen mein Haar,
Und lassen es flattern im Winde!

Die Mergelgrube

Stoß deinen Scheit drei Spannen in den Sand,
Gesteine siehst du aus dem Schnitte ragen,
Blau, gelb, zinnoberrot, als ob zur Gant
Natur die Trödelbude aufgeschlagen.
Kein Pardelfell war je so bunt gefleckt,
Kein Rebhuhn, keine Wachtel so gescheckt,
Als das Gerölle gleißend wie vom Schliff,
Sich aus der Scholle bröckelt bei dem Griff
Der Hand, dem Scharren mit des Fußes Spitze.
Wie zürnend sturt dich an der schwarze Gneis,
Spatkugeln kollern nieder, milchig weiß,
Und um den Glimmer fahren Silberblitze;
Gesprenkelte Porphire, groß und klein,
Die Ockerdruse und der Feuerstein –
Nur wenige hat dieser Grund gezeugt,
Der sah den Strand, und *der* des Berges Kuppe;
Die zorn'ge Welle hat sie hergescheucht,
Leviathan mit seiner Riesenschuppe,
Als schäumend übern Sinai er fuhr,
Des Himmels Schleusen dreißig Tage offen,
Gebirge schmolzen ein wie Zuckerkand,
Als dann am Ararat die Arche stand,
Und, eine fremde, üppige Natur,
Ein neues Leben quoll aus neuen Stoffen. –
Findlinge nennt man sie, weil von der Brust,
Der mütterlichen sie gerissen sind,
In fremde Wiege schlummernd unbewußt,
Die fremde Hand sie legt' wie 's Findelkind.
O welch ein Waisenhaus ist diese Heide,
Die Mohren, Blaßgesicht, und rote Haut
Gleichförmig hüllet mit dem braunen Kleide!
Wie endlos ihre Zellenreihn gebaut!

Tief ins Gebröckel, in die Mergelgrube
War ich gestiegen, denn der Wind zog scharf;
Dort saß ich seitwärts in der Höhlenstube,
Und horchte träumend auf der Luft Geharf.
Es waren Klänge, wie wenn Geisterhall
Melodisch schwinde im zerstörten All;
Und dann ein Zischen, wie von Moores Klaffen,
Wenn brodelnd es in sich zusamm'gesunken;
Mir überm Haupt ein Rispeln und ein Schaffen,
Als scharre in der Asche man den Funken.
Findlinge zog ich Stück auf Stück hervor,
Und lauschte, lauschte mit berauschtem Ohr.

Vor mir, um mich der graue Mergel nur,
Was drüber sah ich nicht; doch die Natur
Schien mir verödet, und ein Bild erstand
Von einer Erde, mürbe, ausgebrannt;
Ich selber schien ein Funken mir, der doch
Erzittert in der toten Asche noch,
Ein Findling im zerfallnen Weltenbau.
Die Wolke teilte sich, der Wind ward lau;
Mein Haupt nicht wagt' ich aus dem Hohl zu strecken,
Um nicht zu schauen der Verödung Schrecken,
Wie Neues quoll und Altes sich zersetzte –
War ich der erste Mensch oder der letzte?

Ha, auf der Schieferplatte hier Medusen –
Noch schienen ihre Strahlen sie zu zücken,
Als sie geschleudert von des Meeres Busen,
Und das Gebirge sank, sie zu zerdrücken.
Es ist gewiß, die alte Welt ist hin,
Ich Petrefakt, ein Mammutsknochen drin!
Und müde, müde sank ich an den Rand
Der staub'gen Gruft; da rieselte der Grand
Auf Haar und Kleider mir, ich ward so grau
Wie eine Leich' im Katakomben-Bau,

Und mir zu Füßen hört' ich leises Knirren,
Ein Rütteln, ein Gebröckel und ein Schwirren.
Es war der Totenkäfer, der im Sarg
Soeben eine frische Leiche barg;
Ihr Fuß, ihr Flügelchen emporgestellt
Zeigt eine Wespe mir von dieser Welt.
Und anders ward mein Träumen nun gewandet,
Zu einer Mumie ward ich versandet,
Mein Linnen Staub, fahlgrau mein Angesicht,
Und auch der Skarabäus fehlte nicht.

Wie, Leichen über mir? – soeben gar
Rollt mir ein Bissusknäuel in den Schoß;
Nein, das ist Wolle, ehrlich Lämmerhaar –
Und plötzlich ließen mich die Träume los.
Ich gähnte, dehnte mich, fuhr aus dem Hohl,
Am Himmel stand der rote Sonnenball
Getrübt von Dunst, ein glüher Karniol,
Und Schafe weideten am Heidewall.
Dicht über mir sah ich den Hirten sitzen,
Er schlingt den Faden, und die Nadeln blitzen,
Wie er bedächtig seinen Socken strickt.
Zu mir hinunter hat er nicht geblickt.
»Ave Maria« hebt er an zu pfeifen,
So sacht und schläfrig, wie die Lüfte streifen.
Er schaut so seelengleich die Herde an,
Daß man nicht weiß, ob Schaf er oder Mann.
Ein Räuspern dann, und langsam aus der Kehle
Schiebt den Gesang er in das Garngestrehle:

»Es stehet ein Fischlein in einem tiefen See,
Danach tu ich wohl schauen, ob es kommt in die Höh';
Wandl ich über Grunheide bis an den kühlen Rhein,
Alle meine Gedanken bei meinem Feinsliebchen sein.

Gleich wie der Mond ins Wasser schaut hinein,
Und gleich wie die Sonne im Wald gibt güldenen Schein,
Also sich verborgen bei mir die Liebe findt,
Alle meine Gedanken, sie sind bei dir, mein Kind.

Wer da hat gesagt, ich wollte wandern fort,
Der hat sein Feinsliebchen an einem andern Ort;
Trau nicht den falschen Zungen, was sie dir blasen ein,
Alle meine Gedanken, sie sind bei dir allein.«

Ich war hinaufgeklommen, stand am Bord,
Dicht vor dem Schäfer, reichte ihm den Knäuel;
Er steckt' ihn an den Hut, und strickte fort,
Sein weißer Kittel zuckte wie ein Weihel.
Im Moose lag ein Buch; ich hob es auf –
»Bertuchs Naturgeschichte; lest Ihr das?«
Da zog ein Lächeln seine Lippen auf:
»Der lügt mal, Herr! Doch das ist just der Spaß!
Von Schlangen, Bären, die in Stein verwandelt,
Als, wie Genesis sagt, die Schleusen offen;
Wär's nicht zur Kurzweil, wär' es schlecht gehandelt:
Man weiß ja doch, daß alles Vieh versoffen.«
Ich reichte ihm die Schieferplatte: »Schau,
Das war ein Tier.« Da zwinkert' er die Brau',
Und hat mir lange pfiffig nachgelacht –
Daß ich verrückt sei, hätt' er nicht gedacht! –

Vorgeschichte (Second sight)

Kennst du die Blassen im Heideland,
Mit blonden flächsenen Haaren?
Mit Augen so klar wie an Weihers Rand
Die Blitze der Welle fahren?
O sprich ein Gebet, inbrünstig, echt,
Für die Seher der Nacht, das gequälte Geschlecht.

So klar die Lüfte, am Äther rein
Träumt nicht die zarteste Flocke,
Der Vollmond lagert den blauen Schein
Auf des schlafenden Freiherrn Locke,
Herniederbohrend in kalter Kraft
Die Vampirzunge, des Strahles Schaft.

Der Schläfer stöhnt, ein Traum voll Not
Scheint seine Sinne zu quälen,
Es zuckt die Wimper, ein leises Rot
Will über die Wange sich stehlen;
Schau, wie er woget und rudert und fährt,
Wie einer so gegen den Strom sich wehrt.

Nun zuckt er auf – ob ihn geträumt,
Nicht kann er sich dessen entsinnen –
Ihn fröstelt, fröstelt, ob's drinnen schäumt
Wie Fluten zum Strudel rinnen;
Was ihn geängstet, er weiß es auch:
Es war des Mondes giftiger Hauch.

O Fluch der Heide, gleich Ahasver
Unterm Nachtgestirne zu kreisen!
Wenn seiner Strahlen züngelndes Meer
Aufbohrt der Seele Schleusen,
Und der Prophet, ein verzweifelnd Wild,
Kämpft gegen das mählich steigende Bild.

Im Mantel schaudernd mißt das Parkett
Der Freiherr die Läng' und Breite,
Und wo am Boden ein Schimmer steht,
Weitaus er beuget zur Seite,
Er hat einen Willen und hat eine Kraft,
Die sollen nicht liegen in Blutes Haft.

Es will ihn krallen, es saugt ihn an,
Wo Glanz die Scheiben umgleitet,
Doch langsam weichend, Spann' um Spann',
Wie ein wunder Edelhirsch schreitet,
In immer engerem Kreis gehetzt,
Des Lagers Pfosten ergreift er zuletzt.

Da steht er keuchend, sinnt und sinnt,
Die müde Seele zu laben,
Denkt an sein liebes einziges Kind,
Seinen zarten, schwächlichen Knaben,
Ob dessen Leben des Vaters Gebet
Wie eine zitternde Flamme steht.

Hat er des Kleinen Stammbaum doch
Gestellt an des Lagers Ende,
Nach dem Abendkusse und Segen noch
Drüber brünstig zu falten die Hände;
Im Monde flimmernd das Pergament
Zeigt Schild an Schilder, schier ohne End'.

Rechtsab des eigenen Blutes Gezweig,
Die alten freiherrlichen Wappen,
Drei Rosen im Silberfelde bleich,
Zwei Wölfe schildhaltende Knappen,
Wo Ros' an Rose sich breitet und blüht,
Wie überm Fürsten der Baldachin glüht.

Und links der milden Mutter Geschlecht,
Der Frommen in Grabeszellen,
Wo Pfeil' an Pfeile, wie im Gefecht,
Durch blaue Lüfte sich schnellen.
Der Freiherr seufzt, die Stirn gesenkt,
Und – steht am Fenster, bevor er's denkt.

Gefangen! gefangen im kalten Strahl!
In dem Nebelnetze gefangen!
Und fest gedrückt an der Scheib' Oval,
Wie Tropfen am Glase hangen,
Verfallen sein klares Nixenaug',
Der Heidequal in des Mondes Hauch.

Welch ein Gewimmel! – er muß es sehn,
Ein Gemurmel! – er muß es hören,
Wie eine Säule, so muß er stehn,
Kann sich nicht regen noch kehren.
Es summt im Hofe ein dunkler Hauf,
Und einzelne Laute dringen hinauf.

Hei! eine Fackel! sie tanzt umher,
Sich neigend, steigend in Bogen,
Und nickend, zündend, ein Flammenheer
Hat den weiten Estrich umzogen.
All schwarze Gestalten im Trauerflor
Die Fackeln schwingen und halten empor.

Und alle gereihet am Mauerrand,
Der Freiherr kennet sie alle;
Der hat ihm so oft die Büchse gespannt,
Der pflegte die Ross' im Stalle,
Und der so lustig die Flasche leert,
Den hat er siebzehn Jahre genährt.

Nun auch der würdige Kastellan,
Die breite Pleureuse am Hute,
Den sieht er langsam, schlurfend nahn,
Wie eine gebrochene Rute;
Noch deckt das Pflaster die dürre Hand,
Versengt erst gestern an Herdes Brand.

Ha, nun das Roß! aus des Stalles Tür,
In schwarzem Behang und Flore;
O, ist's Achill, das getreue Tier?
Oder ist's seines Knaben Medore?
Er starret, starrt und sieht nun auch,
Wie es hinkt, vernagelt nach altem Brauch.

Entlang der Mauer das Musikchor,
In Krepp gehüllt die Posaunen,
Haucht prüfend leise Kadenzen hervor,
Wie träumende Winde raunen;
Dann alles still. O Angst! o Qual!
Es tritt der Sarg aus des Schlosses Portal.

Wie prahlen die Wappen, farbig grell
Am schwarzen Sammet der Decke.
Ha! Ros' an Rose, der Todesquell
Hat gespritzet blutige Flecke!
Der Freiherr klammert das Gitter an:
»Die andre Seite!« stöhnet er dann.

Da langsam wenden die Träger, blank
Mit dem Monde die Schilder kosen.
»O«, – seufzt der Freiherr – »Gott sei Dank!
Kein Pfeil, kein Pfeil, nur Rosen!«
Dann hat er die Lampe still entfacht,
Und schreibt sein Testament in der Nacht.

Im Grase

Süße Ruh', süßer Taumel im Gras,
Von des Krautes Arom umhaucht,
Tiefe Flut, tief, tieftrunkne Flut,
Wenn die Wolk' am Azure verraucht,
Wenn aufs müde, schwimmende Haupt
Süßes Lachen gaukelt herab,
Liebe Stimme säuselt, und träuft
Wie die Lindenblüt' auf ein Grab.

Wenn im Busen die Toten dann,
Jede Leiche sich streckt und regt,
Leise, leise den Odem zieht,
Die geschlossne Wimper bewegt,
Tote Lieb', tote Lust, tote Zeit,
All die Schätze, im Schutt verwühlt,
Sich berühren mit schüchternem Klang
Gleich den Glöckchen, vom Winde umspielt.

Stunden, flüchtiger ihr als der Kuß
Eines Strahls auf den trauernden See,
Als des ziehenden Vogels Lied,
Das mir niederperlt aus der Höh',
Als des schillernden Käfers Blitz,
Wenn den Sonnenpfad er durcheilt,
Als der heiße Druck einer Hand,
Die zum letzten Male verweilt.

Dennoch, Himmel, immer mir nur,
Dieses eine nur: für das Lied
Jedes freien Vogels im Blau
Eine Seele, die mit ihm zieht,
Nur für jeden kärglichen Strahl
Meinen farbigschillernden Saum,
Jeder warmen Hand meinen Druck,
Und für jedes Glück meinen Traum.

NIKOLAUS LENAU

Aus: *Waldlieder*

Wie Merlin
Möcht ich durch die Wälder ziehn;
Was die Stürme wehen,
Was die Donner rollen
Und die Blitze wollen,
Was die Bäume sprechen
Wenn sie brechen,
Möcht ich wie Merlin verstehen.

Voll Gewitterlust
Wirft im Sturme hin
Sein Gewand Merlin,
Daß die Lüfte kühlen,
Blitze ihm bespülen
Seine nackte Brust.

Wurzelfäden streckt
Eiche in den Grund,
Unten saugt versteckt
Tausendfach ihr Mund
Leben aus geheimen Quellen,
Die den Stamm gen Himmel schwellen.

Flattern läßt sein Haar Merlin
In der Sturmnacht her und hin,
Und es sprühn die feurig falben
Blitze, ihm das Haupt zu salben;
Die Natur, die offenbare,
Traulich sich mit ihm verschwisternd,
Tränkt sein Herz, wenn Blitze knisternd
Küssen seine schwarzen Haare. – –

Das Gewitter ist vollbracht,
Stille ward die Nacht;
Heiter in die tiefsten Gründe
Ist der Himmel nach dem Streite;
Wer die Waldesruh verstünde
Wie Merlin, der Eingeweihte!

Frühlingsnacht! kein Lüftchen weht,
Nicht die schwanksten Halme nicken,
Jedes Blatt, von Mondesblicken
Wie bezaubert, stille steht.

Still die Götter zu beschleichen
Und die ewigen Gesetze,
In den Schatten hoher Eichen
Wacht der Zaubrer, einsam sinnend,
Zwischen ihre Zweige spinnend
Heimliche Gedankennetze.

Stimmen, die den andern schweigen,
Jenseits ihrer Hörbarkeiten,
Hört Merlin vorübergleiten,
Alles rauscht im vollen Reigen.
Denn die Königin der Elfen,
Oder eine kluge Norn
Hält, dem Sinne nachzuhelfen,
Ihm ans Ohr ein Zauberhorn.
Rieseln hört er, springend schäumen
Lebensfluten in den Bäumen;
Vögel schlummern auf den Ästen
Nach des Tages Liebesfesten,
Doch ihr Schlaf ist auch beglückt;
Lauschend hört Merlin entzückt
Unter ihrem Brustgefieder
Träumen ihre künftgen Lieder.
Klingend strömt des Mondes Licht
Auf die Eich und Hagerose,
Und im Kelch der feinsten Moose
Tönt das ewige Gedicht.

EDUARD MÖRIKE

An einem Wintermorgen, vor Sonnenaufgang

O flaumenleichte Zeit der dunkeln Frühe!
Welch neue Welt bewegest du in mir?
Was ists, daß ich auf einmal nun in dir
Von sanfter Wollust meines Daseins glühe?

Einem Kristall gleicht meine Seele nun,
Den noch kein falscher Strahl des Lichts getroffen;
Zu fluten scheint mein Geist, er scheint zu ruhn,
Dem Eindruck naher Wunderkräfte offen,
Die aus dem klaren Gürtel blauer Luft
Zuletzt ein Zauberwort vor meine Sinne ruft.

Bei hellen Augen glaub ich doch zu schwanken;
Ich schließe sie, daß nicht der Traum entweiche.
Seh ich hinab in lichte Feenreiche?
Wer hat den bunten Schwarm von Bildern und Gedanken
Zur Pforte meines Herzens hergeladen,
Die glänzend sich in diesem Busen baden,
Goldfarbgen Fischlein gleich im Gartenteiche?

Ich höre bald der Hirtenflöten Klänge,
Wie um die Krippe jener Wundernacht,
Bald weinbekränzter Jugend Lustgesänge;
Wer hat das friedenselige Gedränge
In meine traurigen Wände hergebracht?

Und welch Gefühl entzückter Stärke,
Indem mein Sinn sich frisch zur Ferne lenkt!
Vom ersten Mark des heutgen Tags getränkt,
Fühl ich mir Mut zu jedem frommen Werke.
Die Seele fliegt, so weit der Himmel reicht,

Der Genius jauchzt in mir! Doch sage,
Warum wird jetzt der Blick von Wehmut feucht?
Ists ein verloren Glück, was mich erweicht?
Ist es ein werdendes, was ich im Herzen trage?
– Hinweg, mein Geist! hier gilt kein Stillestehn:
Es ist ein Augenblick, und Alles wird verwehn!

Dort, sieh, am Horizont lüpft sich der Vorhang schon!
Es träumt der Tag, nun sei die Nacht entflohn;
Die Purpurlippe, die geschlossen lag,
Haucht, halbgeöffnet, süße Atemzüge:
Auf einmal blitzt das Aug, und, wie ein Gott, der Tag
Beginnt im Sprung die königlichen Flüge!

Gesang Weylas

Du bist Orplid, mein Land!
Das ferne leuchtet;
Vom Meere dampfet dein besonnter Strand
Den Nebel, so der Götter Wange feuchtet.

Uralte Wasser steigen
Verjüngt um deine Hüften, Kind!
Vor deiner Gottheit beugen
Sich Könige, die deine Wärter sind.

Auf eine Lampe

Noch unverrückt, o schöne Lampe, schmückest du,
An leichten Ketten zierlich aufgehangen hier,
Die Decke des nun fast vergeßnen Lustgemachs.
Auf deiner weißen Marmorschale, deren Rand
Der Efeukranz von goldengrünem Erz umflicht,
Schlingt fröhlich eine Kinderschar den Ringelreihn.
Wie reizend alles! lachend, und ein sanfter Geist
Des Ernstes doch ergossen um die ganze Form –
Ein Kunstgebild der echten Art. Wer achtet sein?
Was aber schön ist, selig scheint es in ihm selbst.

Septembermorgen

Im Nebel ruhet noch die Welt,
Noch träumen Wald und Wiesen:
Bald siehst du, wenn der Schleier fällt,
Den blauen Himmel unverstellt,
Herbstkräftig die gedämpfte Welt
In warmem Golde fließen.

Verborgenheit

Laß, o Welt, o laß mich sein!
Locket nicht mit Liebesgaben,
Laßt dies Herz alleine haben
Seine Wonne, seine Pein!

Was ich traure weiß ich nicht,
Es ist unbekanntes Wehe;
Immerdar durch Tränen sehe
Ich der Sonne liebes Licht.

Oft bin ich mir kaum bewußt,
Und die helle Freude zücket
Durch die Schwere, so mich drücket
Wonniglich in meiner Brust.

Laß, o Welt, o laß mich sein!
Locket nicht mit Liebesgaben,
Laßt dies Herz alleine haben
Seine Wonne, seine Pein!

Denk es, o Seele!

Ein Tännlein grünet wo,
Wer weiß, im Walde,
Ein Rosenstrauch, wer sagt,
In welchem Garten?
Sie sind erlesen schon,
Denk es, o Seele,
Auf deinem Grab zu wurzeln
Und zu wachsen.

Zwei schwarze Rößlein weiden
Auf der Wiese,
Sie kehren heim zur Stadt
In muntern Sprüngen.
Sie werden schrittweis gehn
Mit deiner Leiche;
Vielleicht, vielleicht noch eh
An ihren Hufen
Das Eisen los wird,
Das ich blitzen sehe!

Um Mitternacht

Gelassen stieg die Nacht ans Land,
Lehnt träumend an der Berge Wand,
Ihr Auge sieht die goldne Waage nun
Der Zeit in gleichen Schalen stille ruhn;
    Und kecker rauschen die Quellen hervor,
    Sie singen der Mutter, der Nacht, ins Ohr
        Vom Tage,
    Vom heute gewesenen Tage.

Das uralt alte Schlummerlied,
Sie achtets nicht, sie ist es müd;
Ihr klingt des Himmels Bläue süßer noch,
Der flüchtgen Stunden gleichgeschwungnes Joch.
    Doch immer behalten die Quellen das Wort,
    Es singen die Wasser im Schlafe noch fort
        Vom Tage,
    Vom heute gewesenen Tage.

FERDINAND FREILIGRATH

Von unten auf!

Ein Dämpfer kam von Biberich: – stolz war die Furche, die
                        er zog!
Er qualmt' und räderte zu Tal, daß rechts und links die
                        Brandung flog!
Von Wimpeln und von Flaggen voll, schoß er hinab keck
                        und erfreut:
Den König, der in Preußen herrscht, nach seiner Rheinburg
                        trug er heut!

Die Sonne schien wie lauter Gold! Auf tauchte schimmernd
Stadt um Stadt!
Der Rhein war wie ein Spiegel schier, und das Verdeck war
blank und glatt!
Die Dielen blitzten frisch gebohnt, und auf den schmalen
her und hin,
Vergnügten Auges wandelten der König und die Königin!

Nach allen Seiten schaut' umher und winkte das erhabne
Paar;
Des Rheingaus Reben grüßten sie und auch dein Nußlaub,
Sankt Goar!
Sie sahn zu Rhein, sie sahn zu Berg: – wie war das Schifflein
doch so nett!
Es ging sich auf den Dielen fast, als wie auf Sanssoucis
Parkett!

Doch unter all der Nettigkeit und unter all der
schwimmenden Pracht,
Da frißt und flammt das Element, das sie von dannen
schießen macht;
Da schafft in Ruß und Feuersglut, der dieses Glanzes Seele
ist;
Da steht und schürt und ordnet er – der Proletarier-
Maschinist!

Da draußen lacht und grünt die Welt, da draußen blitzt und
rauscht der Rhein –
Er stiert den lieben langen Tag in seine Flammen nur
hinein!
Im wollnen Hemde, halbernackt, vor seiner Esse muß er
stehn!
Derweil ein König über ihm einschlürft der Berge freies
Wehn!

Jetzt ist der Ofen zugekeilt, und alles geht und alles paßt;
So gönnt er auf Minuten denn sich eine kurze Sklavenrast.

Mit halbem Leibe taucht er auf aus seinem lodernden
Versteck;
In seiner Falltür steht er da, und überschaut sich das Verdeck.

Das glühnde Eisen in der Hand, Antlitz und Arme rot
erhitzt,
Mit der gewölbten, haar'gen Brust auf das Geländer breit
gestützt –
So läßt er schweifen seinen Blick, so murrt er leis dem
Fürsten zu:
»Wie mahnt dies Boot mich an den Staat! Licht auf den
Höhen wandelst *du*!

Tief unten aber, in der Nacht und in der Arbeit dunkelm
Schoß,
Tief unten, von der Not gespornt, da schür und schmied *ich*
mir mein Los!
Nicht meines nur, auch deines, Herr! Wer hält die Räder dir
im Takt,
Wenn nicht mit schwielenharter Faust der Heizer seine
Eisen packt?

Du bist viel weniger ein Zeus, als ich, o König, ein Titan!
Beherrsch ich nicht, auf dem du gehst, den allzeit kochenden
Vulkan?
Es liegt an mir: – ein Ruck von mir, ein Schlag von mir zu
dieser Frist,
Und siehe, das Gebäude stürzt, von welchem du die Spitze
bist!

Der Boden birst, auf schlägt die Glut und sprengt dich
krachend in die Luft!
Wir aber steigen feuerfest aufwärts ans Licht aus unsrer
Gruft!
Wir sind die Kraft! Wir hämmern jung das alte morsche
Ding, den Staat,
Die wir von Gottes Zorne sind bis jetzt das Proletariat!

Dann schrei ich jauchzend durch die Welt! Auf meinen
Schultern, stark und breit,
Ein neuer Sankt Christophorus, trag ich den Christ der
neuen Zeit!
Ich bin der Riese, der nicht wankt! Ich bin's, durch den zum
Siegesfest
Über den tosenden Strom der Zeit der Heiland Geist sich
tragen läßt!«

So hat in seinen krausen Bart der grollende Zyklop gemurrt;
Dann geht er wieder an sein Werk, nimmt sein Geschirr und
stocht und purrt.
Die Hebel knirschen auf und ab, die Flamme strahlt ihm ins
Gesicht,
Der Dampf rumort; – er aber sagt: »Heut, zornig Element,
noch nicht!«

Der bunte Dämpfer unterdes legt vor Kapellen zischend an,
Sechsspännig fährt die Majestät den jungen Stolzenfels
hinan.
Der Heizer blickt auch auf zur Burg; von seinen Flammen
nur behorcht,
Lacht er: »Ei, wie man immer doch für künftige Ruinen
sorgt!«

GEORG HERWEGH

Bundeslied für den Allgemeinen deutschen Arbeiterverein

April 1863

> You are many, they are few.
> (Eurer sind viele, ihrer sind wenige.)

Bet' und arbeit'! ruft die Welt,
Bete kurz! denn Zeit ist Geld.
An die Türe pocht die Not –
Bete kurz! denn Zeit ist Brot.

Und du ackerst und du säst,
Und du nietest und du nähst,
Und du hämmerst und du spinnst –
Sag, o Volk, was du gewinnst!

Wirkst am Webstuhl Tag und Nacht,
Schürfst im Erz- und Kohlenschacht,
Füllst des Überflusses Horn,
Füllst es hoch mit Wein und Korn.

Doch wo ist *dein* Mahl bereit?
Doch wo ist *dein* Feierkleid?
Doch wo ist *dein* warmer Herd?
Doch wo ist *dein* scharfes Schwert?

Alles ist dein Werk! o sprich,
Alles, aber nichts für dich!
Und von allem nur allein,
Die du schmiedst, die Kette, dein?

Kette, die den Leib umstrickt,
Die dem Geist die Flügel knickt,
Die am Fuß des Kindes schon
Klirrt – o Volk, das ist dein Lohn.

Was ihr hebt ans Sonnenlicht,
Schätze sind es für den Wicht;
Was ihr webt, es ist der Fluch
Für euch selbst – ins bunte Tuch.

Was ihr baut, kein schützend Dach
Hat's für euch und kein Gemach;
Was ihr kleidet und beschuht,
Tritt auf euch voll Übermut.

Menschenbienen, die Natur,
Gab sie euch den Honig nur?
Seht die Drohnen um euch her!
Habt ihr keinen Stachel mehr?

Mann der Arbeit, aufgewacht!
Und erkenne deine Macht!
Alle Räder stehen still,
Wenn dein starker Arm es will.

Deiner Dränger Schar erblaßt,
Wenn du, müde deiner Last,
In die Ecke lehnst den Pflug,
Wenn du rufst: Es ist genug!

Brecht das Doppeljoch entzwei!
Brecht die Not der Sklaverei!
Brecht die Sklaverei der Not!
Brot ist Freiheit, Freiheit Brot!

FRIEDRICH HEBBEL

Sommerbild

Ich sah des Sommers letzte Rose stehn,
    Sie war, als ob sie bluten könne, rot;
Da sprach ich schauernd im Vorübergehn:
    So weit im Leben, ist zu nah am Tod!

Es regte sich kein Hauch am heißen Tag,
    Nur leise strich ein weißer Schmetterling;
Doch, ob auch kaum die Luft sein Flügelschlag
    Bewegte, sie empfand es und verging.

Herbstbild

Dies ist ein Herbsttag, wie ich keinen sah!
    Die Luft ist still, als atmete man kaum,
Und dennoch fallen raschelnd, fern und nah,
    Die schönsten Früchte ab von jedem Baum.

O stört sie nicht, die Feier der Natur!
    Dies ist die Lese, die sie selber hält,
Denn heute löst sich von den Zweigen nur,
    Was vor dem milden Strahl der Sonne fällt.

Nachtlied

Quellende, schwellende Nacht,
  Voll von Lichtern und Sternen:
  In den ewigen Fernen,
Sage, was ist da erwacht!

Herz in der Brust wird beengt,
  Steigendes, neigendes Leben,
  Riesenhaft fühle ich's weben,
Welches das meine verdrängt.

Schlaf, da nahst du dich leis,
  Wie dem Kinde die Amme,
  Und um die dürftige Flamme
Ziehst du den schützenden Kreis.

Sie sehn sich nicht wieder

Von dunkelnden Wogen
Hinuntergezogen,
  Zwei schimmernde Schwäne, sie schiffen daher,
Die Winde, sie schwellen
Allmählich die Wellen,
  Die Nebel, sie senken sich finster und schwer.

Die Schwäne, sie meiden
Einander und leiden,
  Nun tun sie es nicht mehr, sie können die Glut
Nicht länger verschließen,
Sie wollen genießen,
  Verhüllt von den Nebeln, gewiegt von der Flut.

Sie schmeicheln, sie kosen,
Sie trotzen dem Tosen
    Der Wellen, die zweie in eines verschränkt,
Wie die sich auch bäumen,
Sie glühen und träumen,
    In Liebe und Wonne zum Sterben versenkt.

Nach innigem Gatten
Ein süßes Ermatten,
    Da trennt sie die Woge, bevor sie's gedacht.
Laßt ruhn das Gefieder!
Ihr seht euch nicht wieder,
    Der Tag ist vorüber, es dämmert die Nacht.

Requiem

        Seele, vergiß sie nicht,
        Seele, vergiß nicht die Toten!

Sieh, sie umschweben dich,
Schauernd, verlassen,
Und in den heiligen Gluten,
Die den Armen die Liebe schürt,
Atmen sie auf und erwarmen,
Und genießen zum letzten Mal
Ihr verglimmendes Leben.

        Seele, vergiß sie nicht,
        Seele, vergiß nicht die Toten!

Sieh, sie umschweben dich,
Schauernd, verlassen,
Und wenn du dich erkaltend
Ihnen verschließest, erstarren sie
Bis hinein in das Tiefste.

Dann ergreift sie der Sturm der Nacht,
Dem sie, zusammengekrampft in sich,
Trotzten im Schoße der Liebe,
Und er jagt sie mit Ungestüm
Durch die unendliche Wüste hin,
Wo nicht Leben mehr ist, nur Kampf
Losgelassener Kräfte
Um erneuertes Sein!

Seele, vergiß sie nicht,
Seele, vergiß nicht die Toten!

THEODOR STORM

Abends

Warum duften die Levkoien so viel schöner bei der Nacht?
Warum brennen deine Lippen so viel röter bei der Nacht?
Warum ist in meinem Herzen so die Sehnsucht auferwacht,
Diese brennend roten Lippen dir zu küssen bei der Nacht?

Hyazinthen

Fern hallt Musik; doch hier ist stille Nacht,
Mit Schlummerduft anhauchen mich die Pflanzen:
Ich habe immer, immer dein gedacht;
Ich möchte schlafen, aber du mußt tanzen.

Es hört nicht auf, es rast ohn Unterlaß;
Die Kerzen brennen und die Geigen schreien,

Es teilen und es schließen sich die Reihen,
Und alle glühen; aber du bist blaß.

Und du mußt tanzen; fremde Arme schmiegen
Sich an dein Herz; o leide nicht Gewalt!
Ich seh dein weißes Kleid vorüberfliegen
Und deine leichte, zärtliche Gestalt. – –

Und süßer strömend quillt der Duft der Nacht
Und träumerischer aus dem Kelch der Pflanzen.
Ich habe immer, immer dein gedacht;
Ich möchte schlafen, aber du mußt tanzen.

Oktoberlied

Der Nebel steigt, es fällt das Laub;
Schenk ein den Wein, den holden!
Wir wollen uns den grauen Tag
Vergolden, ja vergolden!

Und geht es draußen noch so toll,
Unchristlich oder christlich,
Ist doch die Welt, die schöne Welt,
So gänzlich unverwüstlich!

Und wimmert auch einmal das Herz, –
Stoß an und laß es klingen!
Wir wissen's doch, ein rechtes Herz
Ist gar nicht umzubringen.

Der Nebel steigt, es fällt das Laub;
Schenk ein den Wein, den holden!
Wir wollen uns den grauen Tag
Vergolden, ja vergolden!

Wohl ist es Herbst; doch warte nur,
Doch warte nur ein Weilchen!
Der Frühling kommt, der Himmel lacht,
Es steht die Welt in Veilchen.

Die blauen Tage brechen an,
Und ehe sie verfließen,
Wir wollen sie, mein wackrer Freund,
Genießen, ja genießen!

Für meine Söhne

Hehle nimmer mit der Wahrheit!
Bringt sie Leid, nicht bringt sie Reue;
Doch, weil Wahrheit eine Perle,
Wirf sie auch nicht vor die Säue.

Blüte edelsten Gemütes
Ist die Rücksicht; doch zu Zeiten
Sind erfrischend wie Gewitter
Goldne Rücksichtslosigkeiten.

Wackrer heimatlicher Grobheit
Setze deine Stirn entgegen;
Artigen Leutseligkeiten
Gehe schweigend aus den Wegen.

Wo zum Weib du nicht die Tochter
Wagen würdest zu begehren,
Halte dich zu wert, um gastlich
In dem Hause zu verkehren.

Was du immer kannst, zu werden,
Arbeit scheue nicht und Wachen;
Aber hüte deine Seele
Vor dem Karrieremachen.

Wenn der Pöbel aller Sorte
Tanzet um die goldnen Kälber,
Halte fest: du hast vom Leben
Doch am Ende nur dich selber.

Frauen-Ritornelle

Blühende Myrte –
Ich hoffte süße Frucht von dir zu pflücken;
Die Blüte fiel; nun seh ich, daß ich irrte.

Schnell welkende Winden –
Die Spur von meinen Kinderfüßen sucht ich
An eurem Zaun, doch konnt ich sie nicht finden.

Muskathyazinthen –
Ihr blühtet einst in Urgroßmutters Garten;
Das war ein Platz, weltfern, weit, weit dahinten.

Dunkle Zypressen –
Die Welt ist gar zu lustig;
Es wird doch alles vergessen.

GOTTFRIED KELLER

Aus dem Leben

I

Ich hab in kalten Wintertagen,
In dunkler, hoffnungsarmer Zeit
Ganz aus dem Sinne dich geschlagen,
O Trugbild der Unsterblichkeit.

Nun, da der Sommer glüht und glänzet,
Nun seh ich, daß ich wohlgetan!
Aufs neu hab ich das Haupt bekränzet,
Im Grabe aber ruht der Wahn.

Ich fahre auf dem klaren Strome,
Er rinnt mir kühlend durch die Hand,
Ich schau hinauf zum blauen Dome
Und such – kein beßres Vaterland.

Nun erst versteh ich, die da blühet,
O Lilie, deinen stillen Gruß:
Ich weiß, wie sehr das Herz auch glühet,
Daß ich wie du vergehen muß!

Seid mir gegrüßt ihr holden Rosen
In eures Daseins flüchtgem Glück!
Ich wende mich vom Schrankenlosen
Zu eurer Anmut froh zurück!

Zu glühn, zu blühn und ganz zu leben,
Das lehret euer Duft und Schein,
Und willig dann sich hinzugeben
Dem ewigen Nimmerwiedersein!

Archibald Douglas

»Ich hab es getragen sieben Jahr
Und ich kann es nicht tragen mehr,
Wo immer die Welt am schönsten war,
Da war sie öd und leer.

Ich will hintreten vor sein Gesicht
In dieser Knechtsgestalt,
Er kann meine Bitte versagen nicht,
Ich bin ja worden alt.

Und trüg er noch den alten Groll,
Frisch wie am ersten Tag,
So komme was da kommen soll
Und komme was da mag.«

Graf Douglas spricht's. Am Weg ein Stein
Lud ihn zu harter Ruh,
Er sah in Wald und Feld hinein,
Die Augen fielen ihm zu.

Er trug einen Harnisch, rostig und schwer,
Darüber ein Pilgerkleid, –
Da horch vom Waldrand scholl es her
Wie von Hörnern und Jagdgeleit.

Und Kies und Staub aufwirbelte dicht,
Her jagte Meut' und Mann,
Und ehe der Graf sich aufgericht't,
Waren Roß und Reiter heran.

König Jakob saß auf hohem Roß,
Graf Douglas grüßte tief,
Dem König das Blut in die Wange schoß,
Der Douglas aber rief:

»König Jakob, schaue mich gnädig an
Und höre mich in Geduld,
Was meine Brüder Dir angetan,
Es war nicht meine Schuld.

Denk nicht an den alten Douglas-Neid,
Der trotzig Dich bekriegt,
Denk lieber an Deine Kinderzeit,
Wo ich Dich auf den Knien gewiegt.

Denk lieber zurück an Stirling-Schloß,
Wo ich Spielzeug Dir geschnitzt,
Dich gehoben auf Deines Vaters Roß
Und Pfeile Dir zugespitzt.

Denk lieber zurück an Linlithgow,
An den See und den Vogelherd,
Wo ich Dich fischen und jagen froh
Und schwimmen und springen gelehrt.

O denk an alles, was einsten war,
Und sänftige Deinen Sinn,
Ich hab es gebüßet sieben Jahr,
Daß ich ein Douglas bin.«

»Ich seh Dich nicht, Graf Archibald,
Ich hör Deine Stimme nicht,
Mir ist als ob ein Rauschen im Wald
Von alten Zeiten spricht.

Mir klingt das Rauschen süß und traut,
Ich lausch ihm immer noch,
Dazwischen aber klingt es laut:
Er ist ein Douglas doch.

Ich seh Dich nicht, ich höre Dich nicht,
Das ist alles, was ich kann,
Ein Douglas vor meinem Angesicht
Wär ein verlorener Mann.«

König Jakob gab seinem Roß den Sporn,
Bergan ging jetzt sein Ritt,
Graf Douglas faßte den Zügel vorn
Und hielt mit dem Könige Schritt.

Der Weg war steil und die Sonne stach
Und sein Panzerhemd war schwer,
Doch ob er schier zusammenbrach,
Er lief doch nebenher.

»König Jakob, ich war Dein Seneschall,
Ich will es nicht fürder sein,
Ich will nur warten Dein Roß im Stall
Und ihm schütten die Körner ein.

Ich will ihm selber machen die Streu
Und es tränken mit eigner Hand,
Nur laß mich atmen wieder aufs neu
Die Luft im Vaterland.

Und willst Du nicht, so hab einen Mut,
Und ich will es danken Dir,
Und zieh Dein Schwert und triff mich gut
Und laß mich sterben hier.«

König Jakob sprang herab vom Pferd,
Hell leuchtete sein Gesicht,
Aus der Scheide zog er sein breites Schwert,
Aber fallen ließ er es nicht.

»Nimm's hin, nimm's hin und trag es neu
Und bewache mir meine Ruh,
Der ist in tiefster Seele treu,
Wer die Heimat liebt wie Du.

Zu Roß, wir reiten nach Linlithgow
Und Du reitest an meiner Seit,
Da wollen wir fischen und jagen froh,
Als wie in alter Zeit.«

Herr von Ribbeck auf Ribbeck im Havelland

Herr von Ribbeck auf Ribbeck im Havelland,
Ein Birnbaum in seinem Garten stand,
Und kam die goldene Herbsteszeit,
Und die Birnen leuchteten weit und breit,
Da stopfte, wenn's Mittag vom Turme scholl,
Der von Ribbeck sich beide Taschen voll,
Und kam in Pantinen ein Junge daher,
So rief er: »Junge, wist 'ne Beer?«
Und kam ein Mädel, so rief er: »Lütt Dirn,
Kumm man röwer, ick hebb 'ne Birn.«

So ging es viele Jahre, bis lobesam
Der von Ribbeck auf Ribbeck zu sterben kam.
Er fühlte sein Ende. 's war Herbsteszeit,
Wieder lachten die Birnen weit und breit,
Da sagte von Ribbeck: »Ich scheide nun ab.
Legt mir eine Birne mit ins Grab.«
Und drei Tage drauf, aus dem Doppeldachhaus,
Trugen von Ribbeck sie hinaus,
Alle Bauern und Büdner, mit Feiergesicht
Sangen »Jesus meine Zuversicht«
Und die Kinder klagten, das Herze schwer,
»He is dod nu. Wer giwt uns nu 'ne Beer?«

So klagten die Kinder. Das war nicht recht,
Ach, sie kannten den alten Ribbeck schlecht,
Der *neue* freilich, der knausert und spart,
Hält Park und Birnbaum strenge verwahrt,
Aber der *alte*, vorahnend schon
Und voll Mißtraun gegen den eigenen Sohn,
Der wußte genau, was damals er tat,
Als um eine Birn ins Grab er bat,
Und im dritten Jahr, aus dem stillen Haus
Ein Birnbaumsprößling sproßt heraus.

Und die Jahre gehen wohl auf und ab,
Längst wölbt sich ein Birnbaum über dem Grab,
Und in der goldenen Herbsteszeit
Leuchtet's wieder weit und breit.
Und kommt ein Jung' übern Kirchhof her,
So flüstert's im Baume: »Wiste 'ne Beer?«
Und kommt ein Mädel, so flüstert's: »Lütt Dirn,
Kumm man röwer, ick gew Di 'ne Birn.«

So spendet Segen noch immer die Hand
Des von Ribbeck auf Ribbeck im Havelland.

Würd es mir fehlen, würd ich's vermissen?

Heute früh, nach gut durchschlafener Nacht,
Bin ich wieder aufgewacht.
Ich setzte mich an den Frühstückstisch,
Der Kaffee war warm, die Semmel war frisch,
Ich habe die Morgenzeitung gelesen
(Es sind wieder Avancements gewesen).
Ich trat ans Fenster, ich sah hinunter,
Es trabte wieder, es klingelte munter,
Eine Schürze (beim Schlächter) hing über dem Stuhle,
Kleine Mädchen gingen nach der Schule, –
Alles war freundlich, alles war nett,
Aber wenn ich weiter geschlafen hätt
Und tät von alledem nichts wissen,
Würd es mir fehlen, würd ich's vermissen?

GEORG WEERTH

Die hundert Bergleute

Die hundert Bergleute von Haswell,
Die starben an einem Tag!
Die starben zu einer Stunde!
Die starben auf einen Schlag!

Und als sie still begraben,
Da kamen wohl hundert Fraun,
Wohl hundert Fraun von Haswell,
Gar kläglich anzuschaun.

Sie kamen mit ihren Kindern,
Sie kamen mit Tochter und Sohn:
»Du reicher Herr von Haswell,
Nun gib uns unsern Lohn!«

Der reiche Herr von Haswell,
Der stand nicht lange an:
Er zahlte wohl den Wochenlohn
Für jeden verunglückten Mann.

Und als der Lohn bezahlet,
Da schloß er die Kiste zu.
Die eisernen Riegel klangen –
Die Weiber weinten dazu.

CONRAD FERDINAND MEYER

Fülle

Genug ist nicht genug! Gepriesen werde
Der Herbst! Kein Ast, der seiner Frucht entbehrte!
Tief beugt sich mancher allzureich beschwerte,
Der Apfel fällt mit dumpfem Laut zur Erde.

Genug ist nicht genug! Es lacht im Laube!
Die saftge Pfirsche winkt dem durstgen Munde!
Die trunknen Wespen summen in die Runde:
»Genug ist nicht genug!« um eine Traube.

Genug ist nicht genug! Mit vollen Zügen
Schlürft Dichtergeist am Borne des Genusses,
Das Herz, auch es bedarf des Überflusses,
Genug kann nie und nimmermehr genügen!

Erntegewitter

Ein jäher Blitz. Der Erntewagen schwankt.
Aus seinen Garben fahren Dirnen auf
Und springen schreiend in die Nacht hinab.
Ein Blitz. Auf einer goldnen Garbe thront
Noch unvertrieben eine frevle Maid,
Der das gelöste Haar den Nacken peitscht.
Sie hebt das volle Glas mit nacktem Arm,
Als brächte sie's der Glut, die sie umflammt,
Und leert's auf einen Zug. Ins Dunkel wirft
Sie's weit und gleitet ihrem Becher nach.
Ein Blitz. Zwei schwarze Rosse bäumen sich.
Die Peitsche knallt. Sie ziehen an. Vorbei.

Auf dem Canal grande

Auf dem Canal grande betten
Tief sich ein die Abendschatten,
Hundert dunkle Gondeln gleiten
Als ein flüsterndes Geheimnis.

Aber zwischen zwei Palästen
Glüht herein die Abendsonne,
Flammend wirft sie einen grellen
Breiten Streifen auf die Gondeln.

In dem purpurroten Lichte
Laute Stimmen, hell Gelächter,
Überredende Gebärden
Und das frevle Spiel der Augen.

Eine kurze kleine Strecke
Treibt das Leben leidenschaftlich
Und erlischt im Schatten drüben
Als ein unverständlich Murmeln.

Der Marmorknabe

In der Capuletti Vigna graben
Gärtner, finden einen Marmorknaben,
Meister Simon holen sie herbei,
Der entscheide, welcher Gott es sei.

Wie den Fund man dem Gelehrten zeigte,
Der die graue Wimper forschend neigte,
Kniet' ein Kind daneben: Julia,
Die den Marmorknaben finden sah.

»Welches ist dein süßer Name, Knabe?
Steig ans Tageslicht aus deinem Grabe!
Eine Fackel trägst du? Bist beschwingt?
Amor bist du, der die Herzen zwingt?«

Meister Simon, streng das Bild betrachtend,
Eines Kindes Worte nicht beachtend,
Spricht: »Er löscht die Fackel. Sie verloht.
Dieser schöne Jüngling ist der Tod.«

Im Spätboot

Aus der Schiffsbank mach ich meinen Pfühl,
Endlich wird die heiße Stirne kühl!
O wie süß erkaltet mir das Herz!
O wie weich verstummen Lust und Schmerz!
Über mir des Rohres schwarzer Rauch
Wiegt und biegt sich in des Windes Hauch.
Hüben hier und wieder drüben dort
Hält das Boot an manchem kleinen Port:
Bei der Schiffslaterne kargem Schein
Steigt ein Schatten aus und niemand ein.
Nur der Steurer noch, der wacht und steht!
Nur der Wind, der mir im Haare weht!
Schmerz und Lust erleiden sanften Tod:
Einen Schlummrer trägt das dunkle Boot.

Der römische Brunnen

Aufsteigt der Strahl und fallend gießt
Er voll der Marmorschale Rund,
Die, sich verschleiernd, überfließt
In einer zweiten Schale Grund;
Die zweite gibt, sie wird zu reich,
Der dritten wallend ihre Flut,
Und jede nimmt und gibt zugleich
    Und strömt und ruht.

Die Füße im Feuer

Wild zuckt der Blitz. In fahlem Lichte steht ein Turm.
Der Donner rollt. Ein Reiter kämpft mit seinem Roß,
Springt ab und pocht ans Tor und lärmt. Sein Mantel saust
Im Wind. Er hält den scheuen Fuchs am Zügel fest.
Ein schmales Gitterfenster schimmert goldenhell
Und knarrend öffnet jetzt das Tor ein Edelmann . . .

»Ich bin ein Knecht des Königs, als Kurier geschickt
Nach Nîmes. Herbergt mich! Ihr kennt des Königs Rock!«
»Es stürmt. Mein Gast bist du. Dein Kleid, was kümmert's
                             mich?
Tritt ein und wärme dich! Ich sorge für dein Tier!«
Der Reiter tritt in einen dunkeln Ahnensaal,
Von eines weiten Herdes Feuer schwach erhellt,
Und je nach seines Flackerns launenhaftem Licht
Droht hier ein Hugenott im Harnisch, dort ein Weib,
Ein stolzes Edelweib aus braunem Ahnenbild . . .
Der Reiter wirft sich in den Sessel vor dem Herd
Und starrt in den lebendgen Brand. Er brütet, gafft . . .
Leis sträubt sich ihm das Haar. Er kennt den Herd, den
                             Saal . . .
Die Flamme zischt. Zwei Füße zucken in der Glut.

Den Abendtisch bestellt die greise Schaffnerin
Mit Linnen blendend weiß. Das Edelmägdlein hilft.
Ein Knabe trug den Krug mit Wein. Der Kinder Blick
Hangt schreckensstarr am Gast und hangt am Herd
                                                entsetzt . . .
Die Flamme zischt. Zwei Füße zucken in der Glut.
»Verdammt! Dasselbe Wappen! Dieser selbe Saal!
Drei Jahre sind's . . . Auf einer Hugenottenjagd . . .
Ein fein, halsstarrig Weib . . . ›Wo steckt der Junker? Sprich!‹
Sie schweigt. ›Bekenn!‹ Sie schweigt. ›Gib ihn heraus!‹ Sie
                                                schweigt.
Ich werde wild. *Der* Stolz! Ich zerre das Geschöpf . . .
Die nackten Füße pack ich ihr und strecke sie
Tief mitten in die Glut . . . ›Gib ihn heraus!‹ . . . Sie
                                                schweigt . . .
Sie windet sich . . . Sahst du das Wappen nicht am Tor?
Wer hieß dich hier zu Gaste gehen, dummer Narr?
Hat er nur einen Tropfen Bluts, erwürgt er dich.«
Eintritt der Edelmann. »Du träumst! Zu Tische, Gast . . .«

Da sitzen sie. Die drei in ihrer schwarzen Tracht
Und er. Doch keins der Kinder spricht das Tischgebet.
Ihn starren sie mit aufgerißnen Augen an –
Den Becher füllt und übergießt er, stürzt den Trunk,
Springt auf: »Herr, gebet jetzt mir meine Lagerstatt!
Müd bin ich wie ein Hund!« Ein Diener leuchtet ihm,
Doch auf der Schwelle wirft er einen Blick zurück
Und sieht den Knaben flüstern in des Vaters Ohr . . .
Dem Diener folgt er taumelnd in das Turmgemach.

Fest riegelt er die Tür. Er prüft Pistol und Schwert.
Gell pfeift der Sturm. Die Diele bebt. Die Decke stöhnt.
Die Treppe kracht . . . Dröhnt hier ein Tritt? . . . Schleicht
                                                dort ein Schritt? . . .
Ihn täuscht das Ohr. Vorüberwandelt Mitternacht.
Auf seinen Lidern lastet Blei und schlummernd sinkt
Er auf das Lager. Draußen plätschert Regenflut.

Er träumt. »Gesteh!« Sie schweigt. »Gib ihn heraus!« Sie
                                            schweigt.
Er zerrt das Weib. Zwei Füße zucken in der Glut.
Aufsprüht und zischt ein Feuermeer, das ihn verschlingt . . .
»Erwach! Du solltest längst von hinnen sein! Es tagt!«
Durch die Tapetentür in das Gemach gelangt,
Vor seinem Lager steht des Schlosses Herr – ergraut,
Dem gestern dunkelbraun sich noch gekraust das Haar.

Sie reiten durch den Wald. Kein Lüftchen regt sich heut.
Zersplittert liegen Ästetrümmer quer im Pfad.
Die frühsten Vöglein zwitschern, halb im Traume noch.
Friedsel'ge Wolken schwimmen durch die klare Luft,
Als kehrten Engel heim von einer nächtgen Wacht.
Die dunkeln Schollen atmen kräftgen Erdgeruch.
Die Ebne öffnet sich. Im Felde geht ein Pflug.
Der Reiter lauert aus den Augenwinkeln: »Herr,
Ihr seid ein kluger Mann und voll Besonnenheit
Und wißt, daß ich dem größten König eigen bin.
Lebt wohl. Auf Nimmerwiedersehn!« Der andre spricht:
»Du sagst's! Dem größten König eigen! Heute ward
Sein Dienst mir schwer . . . Gemordet hast du teuflisch mir
Mein Weib! Und lebst! . . . Mein ist die Rache, redet Gott.«

Schillers Bestattung

Ein ärmlich düster brennend Fackelpaar, das Sturm
Und Regen jeden Augenblick zu löschen droht.
Ein flatternd Bahrtuch. Ein gemeiner Tannensarg
Mit keinem Kranz, dem kargsten nicht, und kein Geleit!
Als brächte eilig einen Frevel man zu Grab.
Die Träger hasteten. Ein Unbekannter nur,
Von eines weiten Mantels kühnem Schwung umweht,
Schritt dieser Bahre nach. Der Menschheit Genius war's.

FRIEDRICH NIETZSCHE

An der Brücke stand
jüngst ich in brauner Nacht.
Fernher kam Gesang;
goldener Tropfen quoll's
über die zitternde Fläche weg.
Gondeln, Lichter, Musik –
trunken schwamm's in die Dämmrung hinaus ...

Meine Seele, ein Saitenspiel,
sang sich, unsichtbar berührt,
heimlich ein Gondellied dazu,
zitternd vor bunter Seligkeit.
– Hörte jemand ihr zu?

Vereinsamt

Die Krähen schrein
Und ziehen schwirren Flugs zur Stadt:
Bald wird es schnein –
Wohl dem, der jetzt noch – Heimat hat!

Nun stehst du starr,
Schaust rückwärts ach! wie lange schon!
Was bist du Narr
Vor Winters in die Welt entflohn?

Die Welt – ein Tor
Zu tausend Wüsten stumm und kalt!
Wer das verlor,
Was du verlorst, macht nirgends halt.

Nun stehst du bleich,
Zur Winter-Wanderschaft verflucht,
Dem Rauche gleich,
Der stets nach kältern Himmeln sucht.

Flieg, Vogel, schnarr
Dein Lied im Wüsten-Vogel-Ton! –
Versteck, du Narr,
Dein blutend Herz in Eis und Hohn!

Die Krähen schrein
Und ziehen schwirren Flugs zur Stadt:
– bald wird es schnein,
Weh dem, der keine Heimat hat!

O Mensch! Gib acht!
Was spricht die tiefe Mitternacht?
»Ich schlief, ich schlief –,
Aus tiefem Traum bin ich erwacht: –
Die Welt ist tief,
Und tiefer als der Tag gedacht.
Tief ist ihr Weh –,
Lust – tiefer noch als Herzeleid:
Weh spricht: Vergeh!
Doch alle Lust will Ewigkeit –,
– will tiefe, tiefe Ewigkeit!«

DETLEV VON LILIENCRON

Festnacht und Frühgang

Schleifende Schleppen und schurrende Schuhe,
Wie sie auf spiegelnder Glätte sich drehn,
Flatternder Schnurrbart und fliegende Schöße,
Wie sie vorüber den Ballmüttern wehn.
Unter kristallenen Kronen und Kerzen
Schlagen die Schläfen und hämmern die Herzen,
Schimmert der Nacken Geleucht im Gewirre,
Funkelt der Steine Geflacker, Geflirre.
Hinter den Tanzenden her wie die Häscher,
Leicht wie die Falter, die Rosentaunäscher,
Folgen verkappt Amoretten dem Flor.
Hörner und Harfen und Flöten und Geigen
Fachen die Flammen im lodernden Reigen
Höher empor.

König der Tänze in Schlössern und Scheunen,
Trübsalverdränger auf Lehm und Parkett,
Prinz und Plebejer, Student und Philister,
Bürger und Bauer, Zivil, Epaulette,
Alle, sie alle sind von dir begeistert,
Hast du voll Schwung ihren Schlender gemeistert,
Alle sind trunken auf wohligsten Bahnen,
Zeigt die Musik deine lustigen Fahnen.
Aber die Huldinnen erst auf der Erden
Können nicht glücklicher, sehnender werden,
Treibst du sie an immerzu, immerzu.
König der Tänze dem Höchsten, Geringsten,
Sommers, am Herbsttag, im Winter, zu Pfingsten,
Walzer, bist du.

Und mit dem schönsten, dem fröhlichsten Mädchen
Walz ich heut abend zum andern Mal schon,
Eben erst traf sie mein leuchtendes Auge,
Und meine Seele hob hoch sie zu Thron.
Aus der Umgürtelung enger Verkettung
Laß ich nicht locker, hier ist keine Rettung,
Und ich verspüre so holdes Entzücken,
Muß ihr das Händchen ganz sanftiglich drücken.
Bin ich im Himmel, ich fühl ihre Finger
Zärtlicher spannen, die Seligkeitsbringer,
Und meine Liebe nimmt stürmisch Besitz.
Als ich mich endlich am Platz ihr verbeuge,
Schlug aus den Wimpern ihr, bündiger Zeuge,
Zündender Blitz.

Kehraus und Ende, der Braus ist vorüber,
Und es entleert sich allmählich der Saal,
Letztes Gutnacht, Durcheinander und Trinkgeld
Schon in Kapuzen und Mänteln und Shawl.
Schläfrige Kutscher, die gähnend sich recken,
Rasch von den Pferden gezogene Decken,
Licht und Laternen und Räumen und Rufen,
Niederwärtssteigen auf marmornen Stufen,
Nur meine Tänzerin fand nicht den Wagen,
Hab ich ihr gleich meinen Schutz angetragen,
Hüllte sie ein in den leichtesten Pelz.
Ach, das Figürchen im Zobel zu schauen,
Sonniger Maitag im Gletschertrachtgrauen,
Jugend und Schmelz.

Wir wandern durch die stumme Nacht,
Der Tamtam ist verklungen,
Du schmiegst an meine Brust dich an,
Ich halte dich umschlungen.

Und wo die dunklen Ypern stehn,
Ernst wie ein schwarz Gerüste,
Da fand ich deinen kleinen Mund,
Die rote Perlenküste.

Und langsam sind wir weiter dann,
Weiß ich's, wohin gegangen.
Ein hellblau Band im Morgen hing,
Der Tag hat angefangen.

Um Ostern war's, der Frühling will
Den letzten Frost entthronen.
Du pflücktest einen Kranz für mich
Von weißen Anemonen.

Den legtest du mir um die Stirn,
Die Sonne kam gezogen
Und hat dir blendend um dein Haupt
Ein Diadem gebogen.

Du lehntest dich auf meinen Arm,
Wir träumten ohn' Ermessen.
Die Menschen all im Lärm der Welt,
Die hatten wir vergessen.

RICHARD DEHMEL

Entbietung

Schmück dir das Haar mit wildem Mohn,
die Nacht ist da,
all ihre Sterne glühen schon.
All ihre Sterne glühn heut Dir!
du weißt es ja:
all ihre Sterne glühn in mir!

Dein Haar ist schwarz, dein Haar ist wild
und knistert unter meiner Glut;
und wenn die schwillt,
jagt sie mit Macht
die roten Blüten und dein Blut
hoch in die höchste Mitternacht.

In deinen Augen glimmt ein Licht,
so grau in grün,
wie dort die Nacht den Stern umflicht.
Wann kommst du?! – Meine Fackeln lohn!
laß glühn, laß glühn!
schmück mir dein Haar mit wildem Mohn!

ARNO HOLZ

Im Hause, wo die bunten Ampeln brennen,
glänzen auf demselben Bücherspind,
über George Ohnet, Stinde und Dante,
Schiller und Goethe:
beide beteiligt an ein und demselben Gypskranz!

Im Hause, wo die bunten Ampeln brennen,
hängt an derselben Wedgwoodtapete, über demselben
Rokokoschirm,
zwischen Klinger und Hokusai,
Anton von Werner.

Im Hause, wo die bunten Ampeln brennen,
spielen dieselben schlanken Hände, auf demselben
Ebenholzflügel,
mit demselben Charm und Chic
Frédéric François Chopin und Ludolf Waldmann.

Im Hause, wo die bunten Ampeln brennen,
auf vergoldeten Stühlchen sitzend,
trinkt man Chablis, Pilsner und Sect,
kommt dann peu-à-peu auf Nietzsche,
zuletzt wird getanzt.

Ich küsse entzückt der Hausfrau die Hand,
enttäusche einen älteren, glattrasirten Herrn
mit baumwollnen Handschuhen und Wadenstrümpfen
durch eine Mark Trinkgeld
und verschwinde.

Sieben Septillionen Jahre
zählte ich die Meilensteine am Rande der Milchstrasse.

Sie endeten nicht.

Myriaden Aeonen
versank ich in die Wunder eines einzigen Thautröpfchens.

Es erschlossen sich immer neue.

Mein Herz erzitterte!

Selig ins Moos
streckte ich mich und wurde Erde.

Jetzt ranken Brombeeren
über mir,
auf einem sich wiegenden Schlehdornzweig
zwitschert ein Rotkehlchen.

Aus meiner Brust
springt fröhlich ein Quell,
aus meinem Schädel
wachsen Blumen.

RICARDA HUCH

Uralter Worte kundig kommt die Nacht;
Sie löst den Dingen Rüstung ab und Bande,
Sie wechselt die Gestalten und Gewande
Und hüllt den Streit in gleiche braune Tracht.

Da rührt das steinerne Gebirg sich sacht
Und schwillt wie Meer hinüber in die Lande.
Der Abgrund kriecht verlangend bis zum Rande
Und trinkt der Sterne hingebeugte Pracht.

Ich halte dich und bin von dir umschlossen,
Erschöpfte Wandrer wiederum zu Haus;
So fühl ich dich in Fleisch und Blut gegossen,

Von deinem Leib und Leben meins umkleidet.
Die Seele ruht von langer Sehnsucht aus,
Die eins vom andern nicht mehr unterscheidet.

RICHARD BEER-HOFMANN

Schlaflied für Mirjam

Schlaf mein Kind – schlaf, es ist spät!
Sieh wie die Sonne zur Ruhe dort geht,
Hinter den Bergen stirbt sie im Rot.
Du – du weißt nichts von Sonne und Tod,
Wendest die Augen zum Licht und zum Schein –
Schlaf, es sind soviel Sonnen noch dein,
Schlaf mein Kind – mein Kind, schlaf ein!

Schlaf mein Kind – der Abendwind weht.
Weiß man, woher er kommt, wohin er geht?
Dunkel, verborgen die Wege hier sind,
Dir, und auch mir, und uns allen, mein Kind!
Blinde – so gehn wir und gehen allein,
Keiner kann Keinem Gefährte hier sein –
Schlaf mein Kind – mein Kind, schlaf ein!

Schlaf mein Kind und horch nicht auf mich!
Sinn hats für mich nur, und Schall ists für dich.
Schall nur, wie Windeswehn, Wassergerinn,
Worte – vielleicht eines Lebens Gewinn!
Was ich gewonnen gräbt *mit* mir man ein,
Keiner kann Keinem ein Erbe hier sein –
Schlaf mein Kind – mein Kind, schlaf ein!

Schläfst du, Mirjam? – Mirjam, mein Kind,
Ufer nur sind wir, und tief in uns rinnt
Blut von Gewesenen – zu Kommenden rollts,
Blut unsrer Väter, voll Unruh und Stolz.
In uns sind *Alle.* Wer fühlt sich allein?
Du bist ihr Leben – ihr Leben ist dein – –
Mirjam, mein Leben, mein Kind – schlaf ein!

ELSE LASKER-SCHÜLER

Ein alter Tibetteppich

Deine Seele, die die meine liebet,
Ist verwirkt mit ihr im Teppichtibet.

Strahl in Strahl, verliebte Farben,
Sterne, die sich himmellang umwarben.

241

Unsere Füße ruhen auf der Kostbarkeit,
Maschentausendabertausendweit.

Süßer Lamasohn auf Moschuspflanzenthron,
Wie lange küßt dein Mund den meinen wohl
Und Wang die Wange buntgeknüpfte Zeiten schon?

Gebet

Ich suche allerlanden eine Stadt,
Die einen Engel vor der Pforte hat.
Ich trage seinen großen Flügel
Gebrochen schwer am Schulterblatt
Und in der Stirne seinen Stern als Siegel.

Und wandle immer in die Nacht . . .
Ich habe Liebe in die Welt gebracht –
Daß blau zu blühen jedes Herz vermag,
Und hab ein Leben müde mich gewacht,
In Gott gehüllt den dunklen Atemschlag.

O Gott, schließ um mich deinen Mantel fest;
Ich weiß, ich bin im Kugelglas der Rest,
Und wenn der letzte Mensch die Welt vergießt,
Du mich nicht wieder aus der Allmacht läßt
Und sich ein neuer Erdball um mich schließt.

STEFAN GEORGE

Mein garten bedarf nicht luft und nicht wärme ·
Der garten den ich mir selber erbaut
Und seiner vögel leblose schwärme
Haben noch nie einen frühling geschaut.

Von kohle die stämme · von kohle die äste
Und düstere felder am düsteren rain ·
Der früchte nimmer gebrochene läste
Glänzen wie lava im pinien-hain.

Ein grauer schein aus verborgener höhle
Verrät nicht wann morgen wann abend naht
Und staubige dünste der mandel-öle
Schweben auf beeten und anger und saat.

Wie zeug ich dich aber im heiligtume
– So fragt ich wenn ich es sinnend durchmass
In kühnen gespinsten der sorge vergass –
Dunkle grosse schwarze blume?

Der Herr der Insel

Die fischer überliefern dass im süden
Auf einer insel reich an zimmt und öl
Und edlen steinen die im sande glitzern
Ein vogel war der wenn am boden fussend
Mit seinem schnabel hoher stämme krone
Zerpflücken konnte · wenn er seine flügel
Gefärbt wie mit dem saft der Tyrer-schnecke
Zu schwerem niedrem flug erhoben: habe
Er einer dunklen wolke gleichgesehn.
Des tages sei er im gehölz verschwunden ·
Des abends aber an den strand gekommen ·
Im kühlen windeshauch von salz und tang
Die süsse stimme hebend dass delfine
Die freunde des gesanges näher schwammen
Im meer voll goldner federn goldner funken.
So habe er seit urbeginn gelebt ·
Gescheiterte nur hätten ihn erblickt.
Denn als zum erstenmal die weissen segel
Der menschen sich mit günstigem geleit
Dem eiland zugedreht sei er zum hügel
Die ganze teure stätte zu beschaun gestiegen ·
Verbreitet habe er die grossen schwingen
Verscheidend in gedämpften schmerzeslauten.

Komm in den totgesagten park und schau:
Der schimmer ferner lächelnder gestade ·
Der reinen wolken unverhofftes blau
Erhellt die weiher und die bunten pfade.

Dort nimm das tiefe gelb · das weiche grau
Von birken und von buchs · der wind ist lau ·
Die späten rosen welkten noch nicht ganz ·
Erlese küsse sie und flicht den kranz ·

Vergiss auch diese lezten astern nicht ·
Den purpur um die ranken wilder reben ·
Und auch was übrig blieb von grünem leben
Verwinde leicht im herbstlichen gesicht.

Es lacht in dem steigenden jahr dir
Der duft aus dem garten noch leis.
Flicht in dem flatternden haar dir
Eppich und ehrenpreis.

Die wehende saat ist wie gold noch ·
Vielleicht nicht so hoch mehr und reich ·
Rosen begrüssen dich hold noch ·
Ward auch ihr glanz etwas bleich.

Verschweigen wir was uns verwehrt ist ·
Geloben wir glücklich zu sein ·
Wenn auch nicht mehr uns beschert ist
Als noch ein rundgang zu zwein.

Der Mensch und der Drud

Der Mensch

Das enge bachbett sperrt ein wasserfall –
Doch wer hängt das behaarte bein herab
Von dieses felsens träufelnd fettem moos?
Aus buschig krausem kopfe lugt ein horn..
So weit ich schon in waldgebirgen jagte
Traf ich doch seinesgleichen nie... Bleib still
Der weg ist dir verlegt · verbirg auch nichts!
Aus klarer welle schaut ein ziegenfuss.

Der Drud

Nicht dich noch mich wird freun dass du mich fandst.

Der Mensch

Ich wusste wol von dir verwandtem volk
Aus vorzeitlicher märe – nicht dass heut
So nutzlos hässlich ungetüm noch lebt.

Der Drud

Wenn du den lezten meiner art vertriebst
Spähst du vergeblich aus nach edlem wild
Dir bleibt als beute nager und gewürm
Und wenn ins lezte dickicht du gebrochen
Vertrocknet bald dein nötigstes: der quell.

Der Mensch

Du ein weit niedrer lehrst mich? Unser geist
Hat hyder riese drache greif erlegt
Den unfruchtbaren hochwald ausgerodet
Wo sümpfe standen wogt das ährenfeld
Im saftigen grün äst unser zahmes rind

246

Gehöfte städte blühn und helle gärten
Und forst ist noch genug für hirsch und reh –
Die schätze hoben wir von see und grund
Zum himmel rufen steine unsre siege . .
Was willst du überbleibsel grauser wildnis?
Das licht die ordnung folgen unsrer spur.

Der Drud

Du bist nur mensch. . wo deine weisheit endet
Beginnt die unsre · du merkst erst den rand
Wo du gebüsst hast für den übertritt.
Wenn dein getreide reift dein vieh gedeiht
Die heiligen bäume öl und trauben geben
Wähnst du dies käme nur durch deine list.
Die erden die in dumpfer urnacht atmen
Verwesen nimmer · sind sie je gefügt
Zergehn sie wenn ein glied dem ring entfällt.
Zur rechten weile ist dein walten gut ·
Nun eil zurück! du hast den Drud gesehn.
Dein schlimmstes weisst du selbst nicht: wenn dein sinn
Der vieles kann in wolken sich verfängt
Das band zerrissen hat mit tier und scholle –
Ekel und lust getrieb und einerlei
Und staub und strahl und sterben und entstehn
Nicht mehr im gang der dinge fassen kann.

Der Mensch

Wer sagt dir so? dies sei der götter sorge.

Der Drud

Wir reden nie von ihnen · doch ihr toren
Meint dass sie selbst euch helfen. Unvermittelt
Sind sie euch nie genaht. Du wirst du stirbst –
Wes wahr geschöf du bist erfährst du nie.

Der Mensch

Bald ist kein raum mehr für dein zuchtlos spiel.

Der Drud

Bald rufst du drinnen den du draussen schmähst.

Der Mensch

Du giftiger unhold mit dem schiefen mund
Trotz deiner missgestalt bist du der unsren
Zu nah · sonst träfe jezt dich mein geschoss . .

Der Drud

Das tier kennt nicht die scham der mensch nicht dank.
Mit allen künsten lernt ihr nie was euch
Am meisten frommt. . wir aber dienen still.
So hör nur dies: uns tilgend tilgt ihr euch.
Wo unsre zotte streift nur da kommt milch
Wo unser huf nicht hintritt wächst kein halm.
Wär nur dein geist am werk gewesen: längst
Wär euer schlag zerstört und all sein tun
Wär euer holz verdorrt und saatfeld brach . .
Nur durch den zauber bleibt das leben wach.

ALFRED MOMBERT

Gott ist vom Schöpferstuhl gefallen
hinunter in die Donnerhallen
des Lebens und der Liebe.
Er sitzt beim Fackelschein
und trinkt seinen Wein
zwischen borstigen Gesellen,
die von Weib und Meerflut überschwellen.
Und der Mond rollt über die Wolkenberge
durch die gestirnte Meernacht,
und die großen Werke
sind vollendet und vollbracht.

Bevor ich diesen Inselstrand verließ,
entdeckte ich letztmals streifend eine Höhle,
da drinnen ward mir eine neue Seele,
die mir ein höchstes Glück verhieß.
Und so saß ich lange,
ein tiefes Lächeln auf meiner Wange.
Vom Licht umzittert in der Dämmerkühle.
Glühend in einem neuen
Heimat-Urgefühle.

*

Es war zur Nacht, da ich ins Meerhorn stieß.
Es war zur Nacht, da ich zum Aufbruch blies.
Es war zur Nacht, da ich den Strand verließ.
Mein Boot lag in der Mondquelle.
Ich stand in vollendeter Helle.
Ich stand schlafähnlich starr auf silbernem Kies.

HUGO VON HOFMANNSTHAL

Vorfrühling

Es läuft der Frühlingswind
Durch kahle Alleen,
Seltsame Dinge sind
In seinem Wehn.

Er hat sich gewiegt,
Wo Weinen war,
Und hat sich geschmiegt
In zerrüttetes Haar.

Er schüttelte nieder
Akazienblüten
Und kühlte die Glieder,
Die atmend glühten.

Lippen im Lachen
Hat er berührt,
Die weichen und wachen
Fluren durchspürt.

Er glitt durch die Flöte
Als schluchzender Schrei,
An dämmernder Röte
Flog er vorbei.

Er flog mit Schweigen
Durch flüsternde Zimmer
Und löschte im Neigen
Der Ampel Schimmer.

Es läuft der Frühlingswind
Durch kahle Alleen,
Seltsame Dinge sind
In seinem Wehn.

Durch die glatten
Kahlen Alleen
Treibt sein Wehn
Blasse Schatten.

Und den Duft,
Den er gebracht,
Von wo er gekommen
Seit gestern nacht.

Reiselied

Wasser stürzt, uns zu verschlingen,
Rollt der Fels, uns zu erschlagen,
Kommen schon auf starken Schwingen
Vögel her, uns fortzutragen.

Aber unten liegt ein Land,
Früchte spiegelnd ohne Ende
In den alterslosen Seen.

Marmorstirn und Brunnenrand
Steigt aus blumigem Gelände,
Und die leichten Winde wehn.

Terzinen über Vergänglichkeit

I

Noch spür ich ihren Atem auf den Wangen:
Wie kann das sein, daß diese nahen Tage
Fort sind, für immer fort, und ganz vergangen?

Dies ist ein Ding, das keiner voll aussinnt,
Und viel zu grauenvoll, als daß man klage:
Daß alles gleitet und vorüberrinnt

Und daß mein eignes Ich, durch nichts gehemmt,
Herüberglitt aus einem kleinen Kind
Mir wie ein Hund unheimlich stumm und fremd.

Dann: daß ich auch vor hundert Jahren war
Und meine Ahnen, die im Totenhemd,
Mit mir verwandt sind wie mein eignes Haar,

So eins mit mir als wie mein eignes Haar.

Manche freilich . . .

Manche freilich müssen drunten sterben,
Wo die schweren Ruder der Schiffe streifen,
Andre wohnen bei dem Steuer droben,
Kennen Vogelflug und die Länder der Sterne.

Manche liegen immer mit schweren Gliedern
Bei den Wurzeln des verworrenen Lebens,
Andern sind die Stühle gerichtet
Bei den Sibyllen, den Königinnen,
Und da sitzen sie wie zu Hause,
Leichten Hauptes und leichter Hände.

Doch ein Schatten fällt von jenen Leben
In die anderen Leben hinüber,
Und die leichten sind an die schweren
Wie an Luft und Erde gebunden:

Ganz vergessener Völker Müdigkeiten
Kann ich nicht abtun von meinen Lidern,
Noch weghalten von der erschrockenen Seele
Stummes Niederfallen ferner Sterne.

Viele Geschicke weben neben dem meinen,
Durcheinander spielt sie alle das Dasein,
Und mein Teil ist mehr als dieses Lebens
Schlanke Flamme oder schmale Leier.

RAINER MARIA RILKE

Römische Fontäne

Borghese

Zwei Becken, eins das andre übersteigend
aus einem alten runden Marmorrand,
und aus dem oberen Wasser leis sich neigend
zum Wasser, welches unten wartend stand,

dem leise redenden entgegenschweigend
und heimlich, gleichsam in der hohlen Hand,
ihm Himmel hinter Grün und Dunkel zeigend
wie einen unbekannten Gegenstand;

sich selber ruhig in der schönen Schale
verbreitend ohne Heimweh, Kreis aus Kreis,
nur manchmal träumerisch und tropfenweis

sich niederlassend an den Moosbehängen
zum letzten Spiegel, der sein Becken leis
von unten lächeln macht mit Übergängen.

Das Karussell

Jardin du Luxembourg

Mit einem Dach und seinem Schatten dreht
sich eine kleine Weile der Bestand
von bunten Pferden, alle aus dem Land,
das lange zögert, eh es untergeht.
Zwar manche sind an Wagen angespannt,
doch alle haben Mut in ihren Mienen;
ein böser roter Löwe geht mit ihnen
und dann und wann ein weißer Elefant.

Sogar ein Hirsch ist da, ganz wie im Wald,
nur daß er einen Sattel trägt und drüber
ein kleines blaues Mädchen aufgeschnallt.

Und auf dem Löwen reitet weiß ein Junge
und hält sich mit der kleinen heißen Hand,
dieweil der Löwe Zähne zeigt und Zunge.

Und dann und wann ein weißer Elefant.

Und auf den Pferden kommen sie vorüber,
auch Mädchen, helle, diesem Pferdesprunge
fast schon entwachsen; mitten in dem Schwunge
schauen sie auf, irgendwohin, herüber –

Und dann und wann ein weißer Elefant.

Und das geht hin und eilt sich, daß es endet,
und kreist und dreht sich nur und hat kein Ziel.
Ein Rot, ein Grün, ein Grau vorbeigesendet,
ein kleines kaum begonnenes Profil –.
Und manchesmal ein Lächeln, hergewendet,
ein seliges, das blendet und verschwendet
an dieses atemlose blinde Spiel . . .

Archaïscher Torso Apollos

Wir kannten nicht sein unerhörtes Haupt,
darin die Augenäpfel reiften. Aber
sein Torso glüht noch wie ein Kandelaber,
in dem sein Schauen, nur zurückgeschraubt,

sich hält und glänzt. Sonst könnte nicht der Bug
der Brust dich blenden, und im leisen Drehen
der Lenden könnte nicht ein Lächeln gehen
zu jener Mitte, die die Zeugung trug.

Sonst stünde dieser Stein entstellt und kurz
unter der Schultern durchsichtigem Sturz
und flimmerte nicht so wie Raubtierfelle;

und bräche nicht aus allen seinen Rändern
aus wie ein Stern: denn da ist keine Stelle,
die dich nicht sieht. Du mußt dein Leben ändern.

Duineser Elegien

Die erste Elegie

Wer, wenn ich schriee, hörte mich denn aus der Engel
Ordnungen? und gesetzt selbst, es nähme
einer mich plötzlich ans Herz: ich verginge von seinem
stärkeren Dasein. Denn das Schöne ist nichts
als des Schrecklichen Anfang, den wir noch grade ertragen,
und wir bewundern es so, weil es gelassen verschmäht,
uns zu zerstören. Ein jeder Engel ist schrecklich.
  Und so verhalt ich mich denn und verschlucke den
                                            Lockruf
dunkelen Schluchzens. Ach, wen vermögen
wir denn zu brauchen? Engel nicht, Menschen nicht,

und die findigen Tiere merken es schon,
daß wir nicht sehr verläßlich zu Haus sind
in der gedeuteten Welt. Es bleibt uns vielleicht
irgend ein Baum an dem Abhang, daß wir ihn täglich
wiedersähen; es bleibt uns die Straße von gestern
und das verzogene Treusein einer Gewohnheit,
der es bei uns gefiel, und so blieb sie und ging nicht.

O und die Nacht, die Nacht, wenn der Wind voller
                                             Weltraum
uns am Angesicht zehrt –, wem bliebe sie nicht, die
                                             ersehnte,
sanft enttäuschende, welche dem einzelnen Herzen
mühsam bevorsteht. Ist sie den Liebenden leichter?
Ach, sie verdecken sich nur mit einander ihr Los.

Weißt du's *noch* nicht? Wirf aus den Armen die Leere
zu den Räumen hinzu, die wir atmen; vielleicht daß die
                                             Vögel
die erweiterte Luft fühlen mit innigerm Flug.

Ja, die Frühlinge brauchten dich wohl. Es muteten manche
Sterne dir zu, daß du sie spürtest. Es hob
sich eine Woge heran im Vergangenen, oder
da du vorüberkamst am geöffneten Fenster,
gab eine Geige sich hin. Das alles war Auftrag.
Aber bewältigtest du's? Warst du nicht immer
noch von Erwartung zerstreut, als kündigte alles
eine Geliebte dir an? (Wo willst du sie bergen,
da doch die großen fremden Gedanken bei dir
aus und ein gehn und öfters bleiben bei Nacht.)
Sehnt es dich aber, so singe die Liebenden; lange
noch nicht unsterblich genug ist ihr berühmtes Gefühl.
Jene, du neidest sie fast, Verlassenen, die du
so viel liebender fandst als die Gestillten. Beginn
immer von neuem die nie zu erreichende Preisung;
denk: es erhält sich der Held, selbst der Untergang war ihm
nur ein Vorwand, zu sein: seine letzte Geburt.
Aber die Liebenden nimmt die erschöpfte Natur

in sich zurück, als wären nicht zweimal die Kräfte,
dieses zu leisten. Hast du der Gaspara Stampa
denn genügend gedacht, daß irgend ein Mädchen,
dem der Geliebte entging, am gesteigerten Beispiel
dieser Liebenden fühlt: daß ich würde wie sie?
Sollen nicht endlich uns diese ältesten Schmerzen
fruchtbarer werden? Ist es nicht Zeit, daß wir liebend
uns vom Geliebten befrein und es bebend bestehn:
wie der Pfeil die Sehne besteht, um gesammelt im Absprung
mehr zu sein als er selbst. Denn Bleiben ist nirgends.

Stimmen, Stimmen. Höre, mein Herz, wie sonst nur
Heilige hörten: daß sie der riesige Ruf
aufhob vom Boden; sie aber knieten,
Unmögliche, weiter und achtetens nicht:
So waren sie hörend. Nicht, daß du *Gottes* ertrügest
die Stimme, bei weitem. Aber das Wehende höre,
die ununterbrochene Nachricht, die aus Stille sich bildet.
Es rauscht jetzt von jenen jungen Toten zu dir.
Wo immer du eintratst, redete nicht in Kirchen
zu Rom und Neapel ruhig ihr Schicksal dich an?
Oder es trug eine Inschrift sich erhaben dir auf,
wie neulich die Tafel in Santa Maria Formosa.
Was sie mir wollen? leise soll ich des Unrechts
Anschein abtun, der ihrer Geister
reine Bewegung manchmal ein wenig behindert.

Freilich ist es seltsam, die Erde nicht mehr zu bewohnen,
Kaum erlernte Gebräuche nicht mehr zu üben,
Rosen, und andern eigens versprechenden Dingen
nicht die Bedeutung menschlicher Zukunft zu geben;
das, was man war in unendlich ängstlichen Händen,
nicht mehr zu sein, und selbst den eigenen Namen
wegzulassen wie ein zerbrochenes Spielzeug.
Seltsam, die Wünsche nicht weiterzuwünschen. Seltsam,
alles, was sich bezog, so lose im Raume
flattern zu sehen. Und das Totsein ist mühsam

und voller Nachholn, daß man allmählich ein wenig
Ewigkeit spürt. – Aber Lebendige machen
alle den Fehler, daß sie zu stark unterscheiden.
Engel (sagt man) wüßten oft nicht, ob sie unter
Lebenden gehn oder Toten. Die ewige Strömung
reißt durch beide Bereiche alle Alter
immer mit sich und übertönt sie in beiden.

Schließlich brauchen sie uns nicht mehr, die
        Früheentrückten,
man entwöhnt sich des Irdischen sanft, wie man den Brüsten
milde der Mutter entwächst. Aber wir, die so große
Geheimnisse brauchen, denen aus Trauer so oft
seliger Fortschritt entspringt –: *könnten* wir sein ohne sie?
Ist die Sage umsonst, daß einst in der Klage um Linos
wagende erste Musik dürre Erstarrung durchdrang;
daß erst im erschrockenen Raum, dem ein beinah göttlicher
          Jüngling
plötzlich für immer enttrat, das Leere in jene
Schwingung geriet, die uns jetzt hinreißt und tröstet und
           hilft.

Die Sonette an Orpheus

  XIX

  Wandelt sich rasch auch die Welt
  wie Wolkengestalten,
  alles Vollendete fällt
  heim zum Uralten.

  Über dem Wandel und Gang,
  weiter und freier,
  währt noch dein Vor-Gesang,
  Gott mit der Leier.

Nicht sind die Leiden erkannt,
nicht ist die Liebe gelernt,
und was im Tod uns entfernt,

ist nicht entschleiert.
Einzig das Lied überm Land
heiligt und feiert.

Rose, oh reiner Widerspruch, Lust,
Niemandes Schlaf zu sein unter soviel
Lidern.

THEODOR DÄUBLER

Die Nacht ist eine Mohrin, eine Heidin!
Sie nähert sich soeben ruhevoll Venedig,
Und dort bereitet man sich laut zu einem Feste,
Um hohe Gäste hold und huldvoll zu empfangen.
Am Himmel seh ich winzge Purpurwölkchen prangen,
Schon hat der Wind sie wie Lampions gekräuselt und gezapft,
Und eben zucken auch die ersten Sternlein auf:
Da ists, als wollten sie den Wölkchen sanft sich nähern,
Um sacht das Licht der bunten Lämpchen zu entzünden.
Die Nacht ist eine Mohrin, eine Heidin!
Nun tritt sie stolz, mit silberheller Mondessichel,
Im Abendlande durch Venedigs Pforten ein.
Wie würdevoll sie unterm Sternenbaldachine,
Der höher als der edle Schmuck der Mondessichel schwebt,
Nun übers Meer, mit wollustfreudger, gütger Miene,
Sich immer weiter hebt und unser Ruheglück belebt!

Hoch übersprühen ihre Schleierhüllen Prachtsmaragde
Und ihren untern Saum und die Sandalen Blutrubine:
Vier schöne Königssöhne tragen ihren Baldachin:
Zwei Bleichgesichter ziehen still in weißem Seidenkleid
                                    voran.
Das Wams ist goldbetreßt. Sie tragen einen viola Mantel
Und müssen stets, wenn sie das Abendland beschreiten,
Aus Anstand, einen Schurz um ihre Lenden breiten.
Doch hinter ihrer Königin erscheinen holde Mohren
Und tragen ihr der Herrschaft herrliche Insignien nach,
Das Zepter gar ist wunderbar, besetzt mit vier Planeten!
Von vorne sind sie schwarz und nackt, doch überwellt in
                                    holder Pracht
Das erste Morgenrot, als Mantel, ihre finstern Rücken!
    So bringen sie den Baldachin, den schönen, sternbesäten,
Und können drum, voll Königssinn, den Westen stolz
                                    betreten.
    Die Nacht ist eine Mohrin, eine Heidin!
Die Mondessichel glänzt und glimmt
Als Silberschmuck auf ihrer kühlen Stirn,
Und ihre volle nackte Brust befächelt sacht
Ihr blasser Sklave Zephir mit dem Wolkenfächer:
Der ist aus Flaum und leichtem Nebelschaum:
Jetzt färben ihn die letzten Abendgluten,
Auch kräuselt ihn sein Eigenwind,
Da ihn der Sklave, schwebend, fächelt.
    Belustigt das die Königin,
Denn seht, wie jugendlich sie lächelt?
    So bunten, grellen Federnputz
Erreicht in schriller Farbenreih
Allein der Schmuck vom Papagei,
Wie eben ihn in voller Pracht
Der Abend auf dem Flaum entfacht,
Wo selbst das Röteste und Allerblauste
Der Wind geschmackvoll zueinanderkrauste!
    Die Nacht ist eine Mohrin, eine Heidin!
Mit nacktem Busen, bloßem Bauch

Betritt sie nun die holde Stadt Venedig.
Sie trotzt dem fremden Christenbrauch:
Der starkbehaarte Teil der Scham
Ist jeder Überhülle ledig.
Sie bleibt bei uns, so wie sie kam,
Und um sie her wird auf die fremden Weisen froh gelauscht,
Den Schamteil merkst du kaum, von toller Dunkelheit
                                 berauscht.
Der Mohrin Nachtsang klingt im Raum:
Man schmückt und ändert rasch den Schleiersaum,
Den dieses Weib so üppig durch Venedig schleift,
Daß sein Besatz noch weithin die Lagune streift.
Mit Flammengarben aller Art,
Mit Purpurzungen, blutgen Flecken,
Mit manchem fahlen, halbverblaßten Bart
Will sich Venedig seinen Schleierrand bedecken.
Am Lande wird das Flammenband,
Nach alter Art, als langer Flammenrang, gewahrt,
Den Zauber aber müssen Meerreflexe erst erwecken!
Frohlocken will die ganze Stadt!
Mit langgezognen Kantilenen,
Mit eigentümlich süßlicher Musik,
Mit Tönen, welche Lüste nur ersehnen,
Mit Trommelstreichen wie im Krieg,
Mit Lustfanfaren nach dem Sieg
Mag man die Mohrenkönigin empfangen:
Und wenn sie schon berauscht vorbeigegangen,
So heften wir auf ihre Schleppe Purpurspangen.
Ist sie dann fort, kriecht alles Glutgewürm zur Rast:
Die Flammenschlangen, die der Menschenhand
                                entstammen,
Verbergen sich vor uns, in großer Hast:
Und tiefverringelt im Morast,
Muß ihre Brut wie Aale grau verschlammen,
Und auch der Schwarm von grünen Feuerfröschen
Wird bald im dunklen Sumpf verlöschen.

HERMANN HESSE

Stufen

Wie jede Blüte welkt und jede Jugend
Dem Alter weicht, blüht jede Lebensstufe,
Blüht jede Weisheit auch und jede Tugend
Zu ihrer Zeit und darf nicht ewig dauern.
Es muß das Herz bei jedem Lebensrufe
Bereit zum Abschied sein und Neubeginne,
Um sich in Tapferkeit und ohne Trauern
In andre, neue Bindungen zu geben.
Und jedem Anfang wohnt ein Zauber inne,
Der uns beschützt und der uns hilft, zu leben.

Wir sollen heiter Raum um Raum durchschreiten,
An keinem wie an einer Heimat hängen,
Der Weltgeist will nicht fesseln uns und engen,
Er will uns Stuf' um Stufe heben, weiten.
Kaum sind wir heimisch einem Lebenskreise
Und traulich eingewohnt, so droht Erschlaffen,
Nur wer bereit zu Aufbruch ist und Reise,
Mag lähmender Gewöhnung sich entraffen.

Es wird vielleicht auch noch die Todesstunde
Uns neuen Räumen jung entgegen senden,
Des Lebens Ruf an uns wird niemals enden . . .
Wohlan denn, Herz, nimm Abschied und gesunde!

ERNST STADLER

Der Spruch

In einem alten Buche stieß ich auf ein Wort,
Das traf mich wie ein Schlag und brennt durch meine Tage
      fort:
Und wenn ich mich an trübe Lust vergebe,
Schein, Lug und Spiel zu mir anstatt des Wesens hebe,
Wenn ich gefällig mich mit raschem Sinn belüge,
Als wäre Dunkles klar, als wenn nicht Leben tausend wild
      verschlossne Tore trüge,
Und Worte wiederspreche, deren Weite nie ich ausgefühlt,
Und Dinge fasse, deren Sein mich niemals aufgewühlt,
Wenn mich willkommner Traum mit Sammethänden streicht,
Und Tag und Wirklichkeit von mir entweicht,
Der Welt entfremdet, fremd dem tiefsten Ich,
Dann steht das Wort mir auf: Mensch, werde wesentlich!

Fahrt über die Kölner Rheinbrücke bei Nacht

Der Schnellzug tastet sich und stößt die Dunkelheit entlang.
Kein Stern will vor. Die ganze Welt ist nur ein enger, nacht-
umschienter Minengang,
Darein zuweilen Förderstellen blauen Lichtes jähe Horizonte
reißen: Feuerkreis
Von Kugellampen, Dächern, Schloten, dampfend, strö-
mend .. nur sekundenweis ..
Und wieder alles schwarz. Als führen wir ins Eingeweid der
Nacht zur Schicht.
Nun taumeln Lichter her .. verirrt, trostlos vereinsamt ..
mehr .. und sammeln sich .. und werden dicht.
Gerippe grauer Häuserfronten liegen bloß, im Zwielicht
bleichend, tot – etwas muß kommen .. o, ich fühl es
schwer
Im Hirn. Eine Beklemmung singt im Blut. Dann dröhnt der
Boden plötzlich wie ein Meer:
Wir fliegen, aufgehoben, königlich durch nachtentrissne Luft,
hoch übern Strom. O Biegung der Millionen Lichter,
stumme Wacht,
Vor deren blitzender Parade schwer die Wasser abwärts
rollen. Endloses Spalier, zum Gruß gestellt bei Nacht!
Wie Fackeln stürmend! Freudiges! Salut von Schiffen über
blauer See! Bestirntes Fest!
Wimmelnd, mit hellen Augen hingedrängt! Bis wo die Stadt
mit letzten Häusern ihren Gast entläßt.
Und dann die langen Einsamkeiten. Nackte Ufer. Stille.
Nacht. Besinnung. Einkehr. Kommunion. Und Glut
und Drang
Zum Letzten, Segnenden. Zum Zeugungsfest. Zur Wollust.
Zum Gebet. Zum Meer. Zum Untergang.

OSKAR LOERKE

Strom

Du rinnst wie melodische Zeit, entrückst mich den Zeiten,
Fern schlafen mir Fuß und Hand, sie schlafen an meinem
Phantom.
Doch die Seele wächst hinab, beginnt schon zu gleiten,
Zu fahren, zu tragen, – und nun ist sie der Strom,
Beginnt schon im Grundsand, im grauen,
Zu tasten mit schwebend gedrängtem Gewicht,
Beginnt schon die Ufer, die auf sie schauen,
Spiegelnd zu haben und weiß es nicht.

In mir werden Eschen mit langen Haaren,
Voll mönchischer Windlitanei,
Und Felder mit Rindern, die sich paaren,
Und balzender Vögel Geschrei.
Und über Gehöft, Wiese, Baum
Ist viel hoher Raum;
Fische und Wasserratten und Lurche
Ziehn, seine Träume, durch ihn hin –.
So rausch ich in wärmender Erdenfurche,
Ich spüre schon fast, daß ich *bin*:

Wie messe ich, ohne zu messen, den Flug der Tauben,
So hoch und tief er blitzt, so tief und hoch mir ein!
Alles ist an ein Jenseits nur Glauben,
Und Du ist Ich, gewiß und rein.

Zuletzt steigen Nebel- und Wolkenzinnen
In mir auf wie die göttliche Kaiserpfalz.
Ich ahne, die Ewigkeit will beginnen
Mit einem Duft von Salz.

GEORG TRAKL

Menschheit

Menschheit vor Feuerschlünden aufgestellt,
Ein Trommelwirbel, dunkler Krieger Stirnen,
Schritte durch Blutnebel; schwarzes Eisen schellt,
Verzweiflung, Nacht in traurigen Gehirnen:
Hier Evas Schatten, Jagd und rotes Geld.
Gewölk, das Licht durchbricht, das Abendmahl.
Es wohnt in Brot und Wein ein sanftes Schweigen
Und jene sind versammelt zwölf an Zahl.
Nachts schrein im Schlaf sie unter Ölbaumzweigen;
Sankt Thomas taucht die Hand ins Wundenmal.

De profundis

Es ist ein Stoppelfeld, in das ein schwarzer Regen fällt.
Es ist ein brauner Baum, der einsam dasteht.
Es ist ein Zischelwind, der leere Hütten umkreist.
Wie traurig dieser Abend.

Am Weiler vorbei
Sammelt die sanfte Waise noch spärliche Ähren ein.
Ihre Augen weiden rund und goldig in der Dämmerung
Und ihr Schoß harrt des himmlischen Bräutigams.

Bei der Heimkehr
Fanden die Hirten den süßen Leib
Verwest im Dornenbusch.

Ein Schatten bin ich ferne finsteren Dörfern.
Gottes Schweigen
Trank ich aus dem Brunnen des Hains.

Auf meine Stirne tritt kaltes Metall
Spinnen suchen mein Herz.
Es ist ein Licht, das in meinem Mund erlöscht.

Nachts fand ich mich auf einer Heide,
Starrend von Unrat und Staub der Sterne.
Im Haselgebüsch
Klangen wieder kristallne Engel.

Abendland

4. Fassung

Else Lasker-Schüler in Verehrung

1

Mond, als träte ein Totes
Aus blauer Höhle,
Und es fallen der Blüten
Viele über den Felsenpfad.
Silbern weint ein Krankes
Am Abendweiher,
Auf schwarzem Kahn
Hinüberstarben Liebende.

Oder es läuten die Schritte
Elis' durch den Hain
Den hyazinthenen
Wieder verhallend unter Eichen.
O des Knaben Gestalt
Geformt aus kristallenen Tränen,
Nächtigen Schatten.
Zackige Blitze erhellen die Schläfe
Die immerkühle,
Wenn am grünenden Hügel
Frühlingsgewitter ertönt.

2

So leise sind die grünen Wälder
Unsrer Heimat,
Die kristallne Woge
Hinsterbend an verfallner Mauer
Und wir haben im Schlaf geweint;
Wandern mit zögernden Schritten
An der dornigen Hecke hin
Singende im Abendsommer,
In heiliger Ruh
Des fern verstrahlenden Weinbergs;
Schatten nun im kühlen Schoß
Der Nacht, trauernde Adler.
So leise schließt ein mondener Strahl
Die purpurnen Male der Schwermut.

3

Ihr großen Städte
Steinern aufgebaut
In der Ebene!
So sprachlos folgt
Der Heimatlose
Mit dunkler Stirne dem Wind,
Kahlen Bäumen am Hügel.
Ihr weithin dämmernden Ströme!
Gewaltig ängstet
Schaurige Abendröte
Im Sturmgewölk.
Ihr sterbenden Völker!
Bleiche Woge
Zerschellend am Strande der Nacht,
Fallende Sterne.

GEORG HEYM

Der Gott der Stadt

Auf einem Häuserblocke sitzt er breit.
Die Winde lagern schwarz um seine Stirn.
Er schaut voll Wut, wo fern in Einsamkeit
Die letzten Häuser in das Land verirrn.

Vom Abend glänzt der rote Bauch dem Baal,
Die großen Städte knieen um ihn her.
Der Kirchenglocken ungeheure Zahl
Wogt auf zu ihm aus schwarzer Türme Meer.

Wie Korybanten-Tanz dröhnt die Musik
Der Millionen durch die Straßen laut.
Der Schlote Rauch, die Wolken der Fabrik
Ziehn auf zu ihm, wie Duft von Weihrauch blaut.

Das Wetter schwelt in seinen Augenbrauen.
Der dunkle Abend wird in Nacht betäubt.
Die Stürme flattern, die wie Geier schauen
Von seinem Haupthaar, das im Zorne sträubt.

Er streckt ins Dunkel seine Fleischerfaust.
Er schüttelt sie. Ein Meer von Feuer jagt
Durch eine Straße. Und der Glutqualm braust
Und frißt sie auf, bis spät der Morgen tagt.

Berlin I

Beteerte Fässer rollten von den Schwellen
Der dunklen Speicher auf die hohen Kähne.
Die Schlepper zogen an. Des Rauches Mähne
Hing rußig nieder auf die öligen Wellen.

Zwei Dampfer kamen mit Musikkapellen.
Den Schornstein kappten sie am Brückenbogen.
Rauch, Ruß, Gestank lag auf den schmutzigen
                                            Wogen
Der Gerbereien mit den braunen Fellen.

In allen Brücken, drunter uns die Zille
Hindurchgebracht, ertönten die Signale
Gleichwie in Trommeln wachsend in der Stille.

Wir ließen los und trieben im Kanale
An Gärten langsam hin. In dem Idylle
Sahn wir der Riesenschlote Nachtfanale.

Deine Wimpern, die langen ...

An Hildegard K.

Deine Wimpern, die langen,
Deiner Augen dunkele Wasser,
Laß mich tauchen darein,
Laß mich zur Tiefe gehn.

Steigt der Bergmann zum Schacht
Und schwankt seine trübe Lampe
Über der Erze Tor,
Hoch an der Schattenwand,

Sieh, ich steige hinab,
In deinem Schoß zu vergessen,
Fern, was von oben dröhnt,
Helle und Qual und Tag.

An den Feldern verwächst,
Wo der Wind steht, trunken vom Korn,
Hoher Dorn, hoch und krank
Gegen das Himmelsblau.

Gib mir die Hand,
Wir wollen einander verwachsen,
Einem Wind Beute,
Einsamer Vögel Flug,

Hören im Sommer
Die Orgel der matten Gewitter,
Baden in Herbsteslicht,
Am Ufer des blauen Tags.

Manchmal wollen wir stehn
Am Rand des dunkelen Brunnens,
Tief in die Stille zu sehn,
Unsere Liebe zu suchen.

Oder wir treten hinaus
Vom Schatten der goldenen Wälder,
Groß in ein Abendrot,
Das dir berührt sanft die Stirn.

Göttliche Trauer,
Schweige der ewigen Liebe.
Hebe den Krug herauf,
Trinke den Schlaf.

Einmal am Ende zu stehen,
Wo Meer in gelblichen Flecken
Leise schwimmt schon herein
Zu der September Bucht.

Oben zu ruhn
Im Hause der durstigen Blumen,
Über die Felsen hinab
Singt und zittert der Wind.

Doch von der Pappel,
Die ragt im Ewigen Blauen,
Fällt schon ein braunes Blatt,
Ruht auf dem Nacken dir aus.

JAKOB VAN HODDIS

Weltende

Dem Bürger fliegt vom spitzen Kopf der Hut,
In allen Lüften hallt es wie Geschrei.
Dachdecker stürzen ab und gehn entzwei
Und an den Küsten – liest man – steigt die Flut.

Der Sturm ist da, die wilden Meere hupfen
An Land, um dicke Dämme zu zerdrücken.
Die meisten Menschen haben einen Schnupfen.
Die Eisenbahnen fallen von den Brücken.

ALFRED LICHTENSTEIN

Die Dämmerung

Ein dicker Junge spielt mit einem Teich.
Der Wind hat sich in einem Baum gefangen.
Der Himmel sieht verbummelt aus und bleich,
Als wäre ihm die Schminke ausgegangen.

Auf lange Krücken schief herabgebückt
Und schwatzend kriechen auf dem Feld zwei Lahme.
Ein blonder Dichter wird vielleicht verrückt.
Ein Pferdchen stolpert über eine Dame.

An einem Fenster klebt ein fetter Mann.
Ein Jüngling will ein weiches Weib besuchen.
Ein grauer Clown zieht sich die Stiefel an.
Ein Kinderwagen schreit und Hunde fluchen.

274

JOHANNES R. BECHER

Der Dichter meidet strahlende Akkorde.
Er stösst durch Tuben, peitscht die Trommel schrill.
Er reißt das Volk auf mit gehackten Sätzen.

*

Ich lerne. Ich bereite vor. Ich übe mich.
Wie arbeite ich – hah leidenschaftlich! –
Gegen mein noch unplastisches Gesicht –:
Falten spanne ich.
Die Neue Welt
(– eine solche: die alte, die mystische, die Welt der Qual
                                             austilgend –)
Zeichne ich, möglichst korrekt, darin ein.
Eine besonnte, eine äußerst gegliederte, eine *geschliffene*
                                     Landschaft schwebt mir vor,
Eine Insel glückseliger Menschheit.
Dazu bedarf es viel. (Das weiß er auch längst sehr wohl.)

O Trinität des Werks: Erlebnis, Formulierung, Tat.

Ich lerne. Bereite vor. Ich übe mich.

... bald werden sich die Sturzwellen meiner Sätze zu einer
                                     unerhörten Figur verfügen.
Reden. Manifeste. Parlament. Der Experimentalroman.
Gesänge von Tribünen herab vorzutragen.

Der neue, der heilige Staat
Sei gepredigt, dem Blut der Völker, Blut von ihrem Blut,
                                             eingeimpft.
Restlos sei er gestaltet.
Paradies setzt ein.
– Laßt uns die Schlagwetter-Atmosphäre verbreiten! –
Lernt! Vorbereitet! Übt euch!

AUGUST STRAMM

Untreu

Dein Lächeln weint in meiner Brust
Die glutverbissnen Lippen eisen
Im Atem wittert Laubwelk!
Dein Blick versargt
Und
Hastet polternd Worte drauf.
Vergessen
Bröckeln nach die Hände!
Frei
Buhlt dein Kleidsaum
Schlenkrig
Drüber rüber!

Patrouille

Die Steine feinden
Fenster grinst Verrat
Äste würgen
Berge Sträucher blättern raschlig
Gellen
Tod.

GOTTFRIED BENN

Kleine Aster

Ein ersoffener Bierfahrer wurde auf den Tisch gestemmt.
Irgendeiner hatte ihm eine dunkelhelllila Aster
zwischen die Zähne geklemmt.
Als ich von der Brust aus
unter der Haut
mit einem langen Messer
Zunge und Gaumen herausschnitt,
muß ich sie angestoßen haben, denn sie glitt
in das nebenliegende Gehirn.
Ich packte sie ihm in die Brusthöhle
zwischen die Holzwolle,
als man zunähte.
Trinke dich satt in deiner Vase!
Ruhe sanft,
kleine Aster!

Mann und Frau gehn durch die Krebsbaracke

Der Mann:
Hier diese Reihe sind zerfallene Schöße
und diese Reihe ist zerfallene Brust.
Bett stinkt bei Bett. Die Schwestern wechseln stündlich.

Komm, hebe ruhig diese Decke auf.
Sieh, dieser Klumpen Fett und faule Säfte,
das war einst irgendeinem Mann groß
und hieß auch Rausch und Heimat.

Komm, sieh auf diese Narbe an der Brust.
Fühlst du den Rosenkranz von weichen Knoten?
Fühl ruhig hin. Das Fleisch ist weich und schmerzt nicht.

Hier diese blutet wie aus dreißig Leibern.
Kein Mensch hat so viel Blut.
Hier dieser schnitt man
erst noch ein Kind aus dem verkrebsten Schoß.

Man läßt sie schlafen. Tag und Nacht. – Den Neuen
sagt man: Hier schläft man sich gesund. – Nur Sonntags
für den Besuch läßt man sie etwas wacher.

Nahrung wird wenig noch verzehrt. Die Rücken
sind wund. Du siehst die Fliegen. Manchmal
wäscht sie die Schwester. Wie man Bänke wäscht.

Hier schwillt der Acker schon um jedes Bett.
Fleisch ebnet sich zu Land. Glut gibt sich fort.
Saft schickt sich an zu rinnen. Erde ruft.

D-Zug

Braun wie Kognak. Braun wie Laub. Rotbraun.
                                    Malaiengelb.
D-Zug Berlin-Trelleborg und die Ostseebäder.

Fleisch, das nackt ging.
Bis in den Mund gebräunt vom Meer.
Reif gesenkt, zu griechischem Glück.
In Sichel-Sehnsucht: wie weit der Sommer ist!
Vorletzter Tag des neunten Monats schon!

Stoppel und letzte Mandel lechzt in uns.
Entfaltungen, das Blut, die Müdigkeiten,
die Georginennähe macht uns wirr.

Männerbraun stürzt sich auf Frauenbraun:

Eine Frau ist etwas für eine Nacht.
Und wenn es schön war, noch für die nächste!
Oh! Und dann wieder dies Bei-sich-selbst-sein!
Diese Stummheiten! Dies Getriebenwerden!

Eine Frau ist etwas mit Geruch.
Unsägliches! Stirb hin! Resede.
Darin ist Süden, Hirt und Meer.
An jedem Abhang lehnt ein Glück.

Frauenhellbraun taumelt an Männerdunkelbraun:

Halte mich! Du, ich falle!
Ich bin im Nacken so müde.
Oh, dieser fiebernde süße
letzte Geruch aus den Gärten.

Gesänge

I

O daß wir unsere Ururahnen wären.
Ein Klümpchen Schleim in einem warmen Moor.
Leben und Tod, Befruchten und Gebären
glitte aus unseren stummen Säften vor.

Ein Algenblatt oder ein Dünenhügel,
vom Wind Geformtes und nach unten schwer.
Schon ein Libellenkopf, ein Möwenflügel
wäre zu weit und litte schon zu sehr.

Dennoch die Schwerter halten

Der soziologische Nenner,
der hinter Jahrtausenden schlief,
heißt: ein paar große Männer
und die litten tief.

Heißt: ein paar schweigende Stunden
in Sils-Maria Wind,
Erfüllung ist schwer von Wunden,
wenn es Erfüllungen sind.

Heißt: ein paar sterbende Krieger
gequält und schattenblaß,
sie heute und morgen der Sieger –:
warum erschufst du das?

Heißt: Schlangen schlagen die Hauer,
das Gift, den Biß, den Zahn,
die Ecce-homo-Schauer
dem Mann in Blut und Bahn –

heißt: so viel Trümmer winken:
die Rassen wollen Ruh,
lasse dich doch versinken
dem nie Endenden zu –

und heißt dann: schweigen und walten,
wissend, daß sie zerfällt,
dennoch die Schwerter halten
vor die Stunde der Welt.

Astern

Astern – schwälende Tage,
alte Beschwörung, Bann,
die Götter halten die Waage
eine zögernde Stunde an.

Noch einmal die goldenen Herden
der Himmel, das Licht, der Flor,
was brütet das alte Werden
unter den sterbenden Flügeln vor?

Noch einmal das Ersehnte,
den Rausch, der Rosen Du –
der Sommer stand und lehnte
und sah den Schwalben zu,

noch einmal ein Vermuten,
wo längst Gewißheit wacht:
die Schwalben streifen die Fluten
und trinken Fahrt und Nacht.

Chopin

Nicht sehr ergiebig im Gespräch,
Ansichten waren nicht seine Stärke,
Ansichten reden drum herum,
wenn Delacroix Theorien entwickelte,
wurde er unruhig, er seinerseits konnte
die Notturnos nicht begründen.

Schwacher Liebhaber;
Schatten in Nohant,
wo George Sands Kinder
keine erzieherischen Ratschläge
von ihm annahmen.

Brustkrank in jener Form
mit Blutungen und Narbenbildung,
die sich lange hinzieht;
stiller Tod
im Gegensatz zu einem
mit Schmerzparoxysmen
oder durch Gewehrsalven:
man rückte den Flügel (Erard) an die Tür
und Delphine Potocka
sang ihm in der letzten Stunde
ein Veilchenlied.

Nach England reiste er mit drei Flügeln:
Pleyel, Erard, Broadwood,
spielte für 20 Guineen abends
eine Viertelstunde
bei Rothschilds, Wellingtons, im Strafford House
und vor zahllosen Hosenbändern;
verdunkelt von Müdigkeit und Todesnähe
kehrte er heim
auf den Square d'Orléans.

Dann verbrennt er seine Skizzen
und Manuskripte,
nur keine Restbestände, Fragmente, Notizen,
diese verräterischen Einblicke –
sagte zum Schluß:
»meine Versuche sind nach Maßgabe dessen vollendet,
was mir zu erreichen möglich war.«

Spielen sollte jeder Finger
mit der seinem Bau entsprechenden Kraft,
der vierte ist der schwächste
(nur siamesisch zum Mittelfinger).
Wenn er begann, lagen sie
auf e, fis, gis, h, c.

Wer je bestimmte Präludien
von ihm hörte,
sei es in Landhäusern oder
in einem Höhengelände
oder aus offenen Terrassentüren
beispielsweise aus einem Sanatorium,
wird es schwer vergessen.

Nie eine Oper komponiert,
keine Symphonie,
nur diese tragischen Progressionen
aus artistischer Überzeugung
und mit einer kleinen Hand.

Reisen

Meinen Sie Zürich zum Beispiel
sei eine tiefere Stadt,
wo man Wunder und Weihen
immer als Inhalt hat?

Meinen Sie, aus Habana,
weiß und hibiskusrot,
bräche ein ewiges Manna
für Ihre Wüstennot?

Bahnhofstraßen und Rueen,
Boulevards, Lidos, Laan –
selbst auf den Fifth Avenueen
fällt Sie die Leere an –

ach, vergeblich das Fahren!
Spät erst erfahren Sie sich:
bleiben und stille bewahren
das sich umgrenzende Ich.

Nur zwei Dinge

Durch so viel Formen geschritten,
durch Ich und Wir und Du,
doch alles blieb erlitten
durch die ewige Frage: wozu?

Das ist eine Kinderfrage.
Dir wurde erst spät bewußt,
es gibt nur eines: ertrage
– ob Sinn, ob Sucht, ob Sage –
dein fernbestimmtes: Du mußt.

Ob Rosen, ob Schnee, ob Meere,
was alles erblühte, verblich,
es gibt nur zwei Dinge: die Leere
und das gezeichnete Ich.

Menschen getroffen

Ich habe Menschen getroffen, die,
wenn man sie nach ihrem Namen fragte,
schüchtern – als ob sie gar nicht beanspruchen könnten,
auch noch eine Benennung zu haben –
»Fräulein Christian« antworteten und dann:
»wie der Vorname«, sie wollten einem die Erfassung
                                        erleichtern,
kein schwieriger Name wie »Popiol« oder »Babendererde« –
»wie der Vorname« – bitte, belasten Sie Ihr
                                        Erinnerungsvermögen nicht!

Ich habe Menschen getroffen, die
mit Eltern und vier Geschwistern in einer Stube
aufwuchsen, nachts, die Finger in den Ohren,
am Küchenherde lernten,

hochkamen, äußerlich schön und ladylike wie Gräfinnen –
und innerlich sanft und fleißig wie Nausikaa,
die reine Stirn der Engel trugen.

Ich habe mich oft gefragt und keine Antwort gefunden,
woher das Sanfte und das Gute kommt,
weiß es auch heute nicht und muß nun gehn.

MAX HERRMANN-NEISSE

Ein deutscher Dichter bin ich einst gewesen

Ein deutscher Dichter bin ich einst gewesen,
die Heimat klang in meiner Melodie,
ihr Leben war in meinem Lied zu lesen,
das mit ihr welkte und mit ihr gedieh.

Die Heimat hat mir Treue nicht gehalten,
sie gab sich ganz den bösen Trieben hin,
so kann ich nur ihr Traumbild noch gestalten,
der ich ihr trotzdem treu geblieben bin.

In ferner Fremde mal ich ihre Züge
zärtlich gedenkend mir mit Worten nah,
die Abendgiebel und die Schwalbenflüge
und alles Glück, das einst mir dort geschah.

Doch hier wird niemand meine Verse lesen,
ist nichts, was meiner Seele Sprache spricht;
ein deutscher Dichter bin ich einst gewesen,
jetzt ist mein Leben Spuk wie mein Gedicht.

YVAN GOLL

Im uralten See

Im uralten See
Hausen die traurigen Fische
Und fürchten den Gott der Fische

Indessen wir die jungen Wellen
Mit unseren Rudern kämmen
Die rosa Hügel rundum tanzen
Wie die Hügel der Bibel

Auf Schaumpferdchen schaukelt
Ein kleiner Wind –

Auf unseren uralten Augen
Lächelt es golden:
Doch drunter haust eine traurige Furcht

Vater

Noch immer groß im hohen Seidenhut,
Du mein Verfolger: Nachbar in der Tram
Und Reiter am Kurfürstendamm!

Aus braunem bärtigem Gesicht
Dein goldhaft Lächeln immer bricht,
Auf daß ich sei in deiner Hut.

Gottschatten du: o sei mir gut!
Gestalt der Wolke, Duft im Wein,
Du ganz allein,
In dem mein fremdes Wesen ruht!

GERTRUD KOLMAR

Verwandlungen

Ich will die Nacht um mich ziehn als ein warmes Tuch
Mit ihrem weißen Stern, mit ihrem grauen Fluch,
Mit ihrem wehenden Zipfel, der die Tagkrähen scheucht,
Mit ihren Nebelfransen, von einsamen Teichen feucht.

Ich hing im Gebälke starr als eine Fledermaus,
Ich lasse mich fallen in Luft und fahre nun aus.
Mann, ich träumte dein Blut, ich beiße dich wund,
Kralle mich in dein Haar und sauge an deinem Mund.

Über den stumpfen Türmen sind Himmelswipfel schwarz.
Aus ihren kahlen Stämmen sickert gläsernes Harz
Zu unsichtbaren Kelchen wie Oportowein.
In meinen braunen Augen bleibt der Widerschein.

Mit meinen goldbraunen Augen will ich fangen gehn,
Fangen den Fisch in Gräben, die zwischen Häusern stehn,
Fangen den Fisch der Meere: und Meer ist ein weiter Platz
Mit zerknickten Masten, versunkenem Silberschatz.

Die schweren Schiffsglocken läuten aus dem Algenwald.
Unter den Schiffsfiguren starrt eine Kindergestalt,
In Händen die Limone und an der Stirn ein Licht.
Zwischen uns fahren die Wasser; ich behalte dich nicht.

Hinter erfrorener Scheibe glühn Lampen bunt und heiß,
Tauchen blanke Löffel in Schalen, buntes Eis;
Ich locke mit roten Früchten, draus meine Lippen gemacht,
Und bin eine kleine Speise in einem Becher von Nacht.

THEODOR KRAMER

Die Wahrheit ist, man hat mir nichts getan

Die Wahrheit ist, man hat mir nichts getan.
Ich darf schon lang in keiner Zeitung schreiben,
die Mutter darf noch in der Wohnung bleiben.
Die Wahrheit ist, man hat mir nichts getan.

Der Greisler schneidet mir den Schinken an
und dankt mir, wenn ich ihn bezahle, kindlich;
wovon ich leben werd, ist unerfindlich.
Die Wahrheit ist, man hat mir nichts getan.

Ich fahr wie früher mit der Straßenbahn
und gehe unbehelligt durch die Gassen;
ich weiß bloß nicht, ob sie mich gehen lassen.
Die Wahrheit ist, man hat mir nichts getan.

Es öffnet sich mir in kein Land die Bahn,
ich kann mich nicht von selbst von hinnen heben:
ich habe einfach keinen Raum zum Leben.
Die Wahrheit ist, man hat mir nichts getan.

BERTOLT BRECHT

Entdeckung an einer jungen Frau

Des Morgens nüchterner Abschied, eine Frau
Kühl zwischen Tür und Angel, kühl besehn.
Da sah ich: eine Strähn in ihrem Haar war grau
Ich konnt mich nicht entschließen mehr zu gehn.

Stumm nahm ich ihre Brust, und als sie fragte
Warum ich Nachtgast nach Verlauf der Nacht
Nicht gehen wolle, denn so war's gedacht
Sah ich sie unumwunden an und sagte:

Ist's nur noch eine Nacht, will ich noch bleiben
Doch nütze deine Zeit; das ist das Schlimme
Daß du so zwischen Tür und Angel stehst.

Und laß uns die Gespräche rascher treiben
Denn wir vergaßen ganz, daß du vergehst.
Und es verschlug Begierde mir die Stimme.

Von der Freundlichkeit der Welt

1

Auf die Erde voller kaltem Wind
Kamt ihr alle als ein nacktes Kind.
Frierend lagt ihr ohne alle Hab
Als ein Weib euch eine Windel gab.

2

Keiner schrie euch, ihr wart nicht begehrt
Und man holte euch nicht im Gefährt.
Hier auf Erden wart ihr unbekannt
Als ein Mann euch einst nahm an der Hand.

3

Von der Erde voller kaltem Wind
Geht ihr all bedeckt mit Schorf und Grind.
Fast ein jeder hat die Welt geliebt
Wenn man ihm zwei Hände Erde gibt.

Erinnerung an die Marie A.

1

An jenem Tag im blauen Mond September
Still unter einem jungen Pflaumenbaum
Da hielt ich sie, die stille bleiche Liebe
In meinem Arm wie einen holden Traum.
Und über uns im schönen Sommerhimmel
War eine Wolke, die ich lange sah
Sie war sehr weiß und ungeheuer oben
Und als ich aufsah, war sie nimmer da.

2

Seit jenem Tag sind viele, viele Monde
Geschwommen still hinunter und vorbei.
Die Pflaumenbäume sind wohl abgehauen
Und fragst du mich, was mit der Liebe sei?
So sag ich dir: ich kann mich nicht erinnern
Und doch, gewiß, ich weiß schon, was du meinst.
Doch ihr Gesicht, das weiß ich wirklich nimmer
Ich weiß nur mehr: ich küßte es dereinst.

3

Und auch den Kuß, ich hätt ihn längst vergessen
Wenn nicht die Wolke dagewesen wär
Die weiß ich noch und werd ich immer wissen
Sie war sehr weiß und kam von oben her.
Die Pflaumenbäume blühn vielleicht noch immer
Und jene Frau hat jetzt vielleicht das siebte Kind
Doch jene Wolke blühte nur Minuten
Und als ich aufsah, schwand sie schon im Wind.

Vom armen B. B.

1

Ich, Bertolt Brecht, bin aus den schwarzen Wäldern.
Meine Mutter trug mich in die Städte hinein
Als ich in ihrem Leibe lag. Und die Kälte der Wälder
Wird in mir bis zu meinem Absterben sein.

2

In der Asphaltstadt bin ich daheim. Von allem Anfang
Versehen mit jedem Sterbsakrament:
Mit Zeitungen. Und Tabak. Und Branntwein.
Mißtrauisch und faul und zufrieden am End.

3

Ich bin zu den Leuten freundlich. Ich setze
Einen steifen Hut auf nach ihrem Brauch.
Ich sage: Es sind ganz besonders riechende Tiere
Und ich sage: Es macht nichts, ich bin es auch.

4

In meine leeren Schaukelstühle vormittags
Setze ich mir mitunter ein paar Frauen
Und ich betrachte sie sorglos und sage ihnen:
In mir habt ihr einen, auf den könnt ihr nicht bauen.

5

Gegen Abend versammle ich um mich Männer
Wir reden uns da mit »Gentlemen« an.
Sie haben ihre Füße auf meinen Tischen
Und sagen: Es wird besser mit uns. Und ich frage nicht:
Wann?

6

Gegen Morgen in der grauen Frühe pissen die Tannen
Und ihr Ungeziefer, die Vögel, fängt an zu schrein.
Um die Stunde trink ich mein Glas in der Stadt aus und
schmeiße
Den Tabakstummel weg und schlafe beunruhigt ein.

7

Wir sind gesessen, ein leichtes Geschlechte
In Häusern, die für unzerstörbare galten
(So haben wir gebaut die langen Gehäuse des Eilands
Manhattan
Und die dünnen Antennen, die das Atlantische Meer
unterhalten).

8

Von diesen Städten wird bleiben: der durch sie
hindurchging, der Wind!
Fröhlich machet das Haus den Esser: er leert es.
Wir wissen, daß wir Vorläufige sind
Und nach uns wird kommen: nichts Nennenswertes.

9

Bei den Erdbeben, die kommen werden, werde ich
hoffentlich
Meine Virginia nicht ausgehen lassen durch Bitterkeit
Ich, Bertolt Brecht, in die Asphaltstädte verschlagen
Aus den schwarzen Wäldern in meiner Mutter in früher
Zeit.

Fragen eines lesenden Arbeiters

Wer baute das siebentorige Theben?
In den Büchern stehen die Namen von Königen.
Haben die Könige die Felsbrocken herbeigeschleppt?
Und das mehrmals zerstörte Babylon –
Wer baute es so viele Male auf? In welchen Häusern
Des goldstrahlenden Lima wohnten die Bauleute?
Wohin gingen an dem Abend, wo die Chinesische Mauer
                                 fertig war
Die Maurer? Das große Rom
Ist voll von Triumphbögen. Wer errichtete sie? Über wen
Triumphierten die Cäsaren? Hatte das vielbesungene
                                    Byzanz
Nur Paläste für seine Bewohner? Selbst in dem sagenhaften
                                    Atlantis
Brüllten in der Nacht, wo das Meer es verschlang
Die Ersaufenden nach ihren Sklaven.

Der junge Alexander eroberte Indien.
Er allein?
Cäsar schlug die Gallier.
Hatte er nicht wenigstens einen Koch bei sich?
Philipp von Spanien weinte, als seine Flotte
Untergegangen war. Weinte sonst niemand?
Friedrich der Zweite siegte im Siebenjährigen Krieg. Wer
Siegte außer ihm?

Jede Seite ein Sieg.
Wer kochte den Siegesschmaus?
Alle zehn Jahre ein großer Mann.
Wer bezahlte die Spesen?

So viele Berichte.
So viele Fragen.

Legende von der Entstehung des Buches Taoteking auf
dem Weg des Laotse in die Emigration

1

Als er Siebzig war und war gebrechlich
Drängte es den Lehrer doch nach Ruh
Denn die Güte war im Lande wieder einmal schwächlich
Und die Bosheit nahm an Kräften wieder einmal zu.
Und er gürtete den Schuh.

2

Und er packte ein, was er so brauchte:
Wenig. Doch es wurde dies und das.
So die Pfeife, die er immer abends rauchte
Und das Büchlein, das er immer las.
Weißbrot nach dem Augenmaß.

3

Freute sich des Tals noch einmal und vergaß es
Als er ins Gebirg den Weg einschlug.
Und sein Ochse freute sich des frischen Grases
Kauend, während er den Alten trug.
Denn dem ging es schnell genug.

4

Doch am vierten Tag im Felsgesteine
Hat ein Zöllner ihm den Weg verwehrt:
»Kostbarkeiten zu verzollen?« – »Keine.«
Und der Knabe, der den Ochsen führte, sprach: »Er hat
                                        gelehrt.«
Und so war auch das erklärt.

5

Doch der Mann in einer heitren Regung
Fragte noch: »Hat er was rausgekriegt?«
Sprach der Knabe: »Daß das weiche Wasser in Bewegung
Mit der Zeit den mächtigen Stein besiegt.
Du verstehst, das Harte unterliegt.«

6

Daß er nicht das letzte Tageslicht verlöre
Trieb der Knabe nun den Ochsen an
Und die drei verschwanden schon um eine schwarze Föhre
Da kam plötzlich Fahrt in unsern Mann
Und er schrie: »He, du! Halt an!

7

Was ist das mit diesem Wasser, Alter?«
Hielt der Alte: »Intressiert es dich?«
Sprach der Mann: »Ich bin nur Zollverwalter
Doch wer wen besiegt, das intressiert auch mich.
Wenn du's weißt, dann sprich!

8

Schreib mir's auf! Diktier es diesem Kinde!
So was nimmt man doch nicht mit sich fort.
Da gibt's doch Papier bei uns und Tinte
Und ein Nachtmahl gibt es auch: ich wohne dort.
Nun, ist das ein Wort?«

9

Über seine Schulter sah der Alte
Auf den Mann: Flickjoppe. Keine Schuh.
Und die Stirne eine einzige Falte.

Ach, kein Sieger trat da auf ihn zu.
Und er murmelte: »Auch du?«

10

Eine höfliche Bitte abzuschlagen
War der Alte, wie es schien, zu alt.
Denn er sagte laut: »Die etwas fragen
Die verdienen Antwort.« Sprach der Knabe: »Es wird auch
                                        schon kalt.«
»Gut, ein kleiner Aufenthalt.«

11

Und von seinem Ochsen stieg der Weise
Sieben Tage schrieben sie zu zweit.
Und der Zöllner brachte Essen (und er fluchte nur noch leise
Mit den Schmugglern in der ganzen Zeit).
Und dann war's soweit.

12

Und dem Zöllner händigte der Knabe
Eines Morgens einundachtzig Sprüche ein.
Und mit Dank für eine kleine Reisegabe
Bogen sie um jene Föhre ins Gestein.
Sagt jetzt: kann man höflicher sein?

13

Aber rühmen wir nicht nur den Weisen
Dessen Name auf dem Buche prangt!
Denn man muß dem Weisen seine Weisheit erst entreißen.
Darum sei der Zöllner auch bedankt:
Er hat sie ihm abverlangt.

An die Nachgeborenen

I

Wirklich, ich lebe in finsteren Zeiten!
Das arglose Wort ist töricht. Eine glatte Stirn
Deutet auf Unempfindlichkeit hin. Der Lachende
Hat die furchtbare Nachricht
Nur noch nicht empfangen.

Was sind das für Zeiten, wo
Ein Gespräch über Bäume fast ein Verbrechen ist
Weil es ein Schweigen über so viele Untaten einschließt!
Der dort ruhig über die Straße geht
Ist wohl nicht mehr erreichbar für seine Freunde
Die in Not sind?

Es ist wahr: ich verdiene noch meinen Unterhalt
Aber glaubt mir: das ist nur ein Zufall. Nichts
Von dem, was ich tue, berechtigt mich dazu, mich
                                          sattzuessen.
Zufällig bin ich verschont. (Wenn mein Glück aussetzt, bin
                                          ich verloren.)

Man sagt mir: Iß und trink du! Sei froh, daß du hast!
Aber wie kann ich essen und trinken, wenn
Ich dem Hungernden entreiße, was ich esse, und
Mein Glas Wasser einem Verdurstenden fehlt?
Und doch esse und trinke ich.

Ich wäre gerne auch weise.
In den alten Büchern steht, was weise ist:
Sich aus dem Streit der Welt halten und die kurze Zeit
Ohne Furcht verbringen
Auch ohne Gewalt auskommen
Böses mit Gutem vergelten
Seine Wünsche nicht erfüllen, sondern vergessen
Gilt für weise.

Alles das kann ich nicht:
Wirklich, ich lebe in finsteren Zeiten!

II

In die Städte kam ich zur Zeit der Unordnung
Als da Hunger herrschte.
Unter die Menschen kam ich zu der Zeit des Aufruhrs
Und ich empörte mich mit ihnen.
So verging meine Zeit
Die auf Erden mir gegeben war.

Mein Essen aß ich zwischen den Schlachten
Schlafen legte ich mich unter die Mörder
Der Liebe pflegte ich achtlos
Und die Natur sah ich ohne Geduld.
So verging meine Zeit
Die auf Erden mir gegeben war.

Die Straßen führten in den Sumpf zu meiner Zeit.
Die Sprache verriet mich dem Schlächter.
Ich vermochte nur wenig. Aber die Herrschenden
Saßen ohne mich sicherer, das hoffte ich.
So verging meine Zeit
Die auf Erden mir gegeben war.

Die Kräfte waren gering. Das Ziel
Lag in großer Ferne
Es war deutlich sichtbar, wenn auch für mich
Kaum zu erreichen.
So verging meine Zeit
Die auf Erden mir gegeben war.

III

Ihr, die ihr auftauchen werdet aus der Flut
In der wir untergegangen sind
Gedenkt
Wenn ihr von unseren Schwächen sprecht
Auch der finsteren Zeit
Der ihr entronnen seid.
Gingen wir doch, öfter als die Schuhe die Länder wechselnd
Durch die Kriege der Klassen, verzweifelt
Wenn da nur Unrecht war und keine Empörung.

Dabei wissen wir doch:
Auch der Haß gegen die Niedrigkeit
Verzerrt die Züge.
Auch der Zorn über das Unrecht
Macht die Stimme heiser. Ach, wir
Die wir den Boden bereiten wollten für Freundlichkeit
Konnten selber nicht freundlich sein.

Ihr aber, wenn es so weit sein wird
Daß der Mensch dem Menschen ein Helfer ist
Gedenkt unsrer
Mit Nachsicht.

Die Maske des Bösen

An meiner Wand hängt ein japanisches Holzwerk
Maske eines bösen Dämons, bemalt mit Goldlack.
Mitfühlend sehe ich
Die geschwollenen Stirnadern, andeutend
Wie anstrengend es ist, böse zu sein.

Der Radwechsel

Ich sitze am Straßenrand
Der Fahrer wechselt das Rad.
Ich bin nicht gern, wo ich herkomme.
Ich bin nicht gern, wo ich hinfahre.
Warum sehe ich den Radwechsel
Mit Ungeduld?

Böser Morgen

Die Silberpappel, eine ortsbekannte Schönheit
Heut eine alte Vettel. Der See
Eine Lache Abwaschwasser, nicht rühren!
Die Fuchsien unter dem Löwenmaul billig und eitel.
Warum?
Heut nacht im Traum sah ich Finger, auf mich deutend
Wie auf einen Aussätzigen. Sie waren zerarbeitet und
Sie waren gebrochen.

Unwissende! schrie ich
Schuldbewußt.

ERICH KÄSTNER

Jahrgang 1899

Wir haben die Frauen zu Bett gebracht,
als die Männer in Frankreich standen.
Wir hatten uns das viel schöner gedacht.
Wir waren nur Konfirmanden.

Dann holte man uns zum Militär,
bloß so als Kanonenfutter.
In der Schule wurden die Bänke leer,
zu Hause weinte die Mutter.

Dann gab es ein bißchen Revolution
und schneite Kartoffelflocken;
dann kamen die Frauen, wie früher schon,
und dann kamen die Gonokokken.

Inzwischen verlor der Alte sein Geld,
da wurden wir Nachtstudenten.
Bei Tag waren wir bureau-angestellt
und rechneten mit Prozenten.

Dann hätte sie fast ein Kind gehabt,
ob von dir, ob von mir – was weiß ich!
Das hat ihr ein Freund von uns ausgeschabt.
Und nächstens werden wir Dreißig.

Wir haben sogar ein Examen gemacht
und das meiste schon wieder vergessen.
Jetzt sind wir allein bei Tag und bei Nacht
und haben nichts Rechtes zu fressen!

Wir haben der Welt in die Schnauze geguckt,
anstatt mit Puppen zu spielen.
Wir haben der Welt auf die Weste gespuckt,
soweit wir vor Ypern nicht fielen.

Man hat unsern Körper und hat unsern Geist
ein wenig zu wenig gekräftigt.
Man hat uns zu lange, zu früh und zumeist
in der Weltgeschichte beschäftigt!

Die Alten behaupten, es würde nun Zeit
für uns zum Säen und Ernten.
Noch einen Moment. Bald sind wir bereit.
Noch einen Moment. Bald ist es so weit!
Dann zeigen wir euch, was wir lernten!

Der Handstand auf der Loreley

(Nach einer wahren Begebenheit)

Die Loreley, bekannt als Fee und Felsen,
ist jener Fleck am Rhein, nicht weit von Bingen,
wo früher Schiffer mit verdrehten Hälsen,
von blonden Haaren schwärmend, untergingen.

Wir wandeln uns. Die Schiffer inbegriffen.
Der Rhein ist reguliert und eingedämmt.
Die Zeit vergeht. Man stirbt nicht mehr beim Schiffen,
bloß weil ein blondes Weib sich dauernd kämmt.

Nichtsdestotrotz geschieht auch heutzutage
noch manches, was der Steinzeit ähnlich sieht.
So alt ist keine deutsche Heldensage,
daß sie nicht doch noch Helden nach sich zieht.

Erst neulich machte auf der Loreley
hoch überm Rhein ein Turner einen Handstand!
Von allen Dampfern tönte Angstgeschrei,
als er kopfüber oben auf der Wand stand.

Er stand, als ob er auf dem Barren stünde.
Mit hohlem Kreuz. Und lustbetonten Zügen.
Man frage nicht: Was hatte er für Gründe?
Er war ein Held. Das dürfte wohl genügen.

Er stand, verkehrt, im Abendsonnenscheine.
Da trübte Wehmut seinen Turnerblick.
Er dachte an die Loreley von Heine.
Und stürzte ab. Und brach sich das Genick.

Er starb als Held. Man muß ihn nicht beweinen.
Sein Handstand war vom Schicksal überstrahlt.
Ein Augenblick mit zwei gehobnen Beinen
ist nicht zu teuer mit dem Tod bezahlt!

P. S. Eins wäre allerdings noch nachzutragen:
Der Turner hinterließ uns Frau und Kind.
Hinwiederum, man soll sie nicht beklagen.
Weil im Bezirk der Helden und der Sagen
die Überlebenden nicht wichtig sind.

Moral

Es gibt nichts Gutes
außer: Man tut es.

WILHELM LEHMANN

Fahrt über den Plöner See

Es schieben sich wie Traumkulissen
Bauminseln stets erneut vorbei,
Als ob ein blaues Fest uns rufe,
Die Landschaft eine Bühne sei.

Sich wandelnd mit des Bootes Gleiten
Erfrischt den Blick Laub, Schilf und See:
Hier könnte Händels Oper spielen,
Vielleicht Acis und Galathee.

Die Finger schleifen durch die Wasser,
Ein Gurgeln quillt um Bordes Wand,
Die Ufer ziehn wie Melodieen,
Und meine sucht nach deiner Hand.

Wenn alle nun das Schifflein räumen,
Wir endigen noch nicht das Spiel.
Fährmann! die runde Fahrt noch einmal!
Sie selbst, ihr Ende nicht, das Ziel.

Es schieben sich wie Traumkulissen
Bauminseln stets erneut vorbei,
Als ob ein blaues Fest uns rufe,
Die Landschaft eine Bühne sei.

Sich wandelnd mit des Bootes Gleiten
Erfrischt den Blick Laub, Schilf und See:
Wir dürfen Händels Oper hören,
Man gibt Acis und Galathee.

Wir sehen, was wir hören, fühlen,
Die Ufer *sind* die Melodien.
Bei ihrem Nahen, ihrem Schwinden,
Wie gern mag uns das Schifflein ziehn!

Dort schwimmt bebuscht die Prinzeninsel,
Hier steigt die Kirche von Bosau –
Wir fahren durch den Schreck der Zeiten,
Beisammen noch, geliebte Frau.

Heißt solcher Übermut vermessen?
Rächt sich am Traum der harte Tag?
Muß seine Eifersucht uns treffen,
Wie den Acis des Riesen Schlag?

Die Götter sind nicht liebeleer –
Was ihr den beiden tatet, tut!
Die Nymphe flüchtete ins Meer,
Acis zerrann zu Bachesflut.

In Solothurn

Vor hundert Jahren suchte ich die schöne Magelone.
Sie liebte mich, ich war ihr gut genug.
Vor hundert Jahren, als mein Fuß mich schwebend trug.

Ich bin in Solothurn. Frag ich, ob sie hier wohne?
Die weiße Kathedrale fleht den Sommerhimmel an.
Auf hoher Treppe sitze ich, ein junggeglühter Mann.
Die alten Brunnenheiligen stehn schlank;
Die Wasser rauschen, Eichendorff zu Dank.

Hôtel de la Couronne. Mit goldnen Gittern schweifen die
                                                    Balkone.
Ein Auto hielt. War sie's, die in den Sitz sich schwang?
Adieu! Dein Reiseschal des Windes Fang.

Die Brunnen rauschen. Ihre Stimme spricht
Uns hundert Jahre wieder ins Gedicht:
Mich, Peter von Provence, dich, Magelone.

Was hat, Achill ...

Unbehelmt,
Voran der Hundemeute,
Über das kahle Vorgebirge her
Auf ihrem Rappen eine,
Den Köcher an der bleichen Mädchenhüfte.

Ein Falke kreist im blauen, großen,
Unermeßlich blauen,
Großen Himmel.

Er wird niederstoßen,
Die harten Krallen und den krummen Schnabel
Im Blut zu tränken, dem purpurnen Saft,
An dem das Falkenvolk sich wild berauscht.

Die nackte Brust der Reiterin.
Ihr glühend Aug.
Die Tigerhunde.
Der Rappe, goldgezügelt.
Sie hält ihn an.

Mit allem Licht
Tritt aus den Wäldern vor
Der Mann der Männer.
Die Tonnenbrust.
Auf starkem Hals das apfelkleine Haupt.

Er sieht die Reiterin.
Und sie sieht ihn.
So stehn sich zwei Gewitter still
Am Morgen- und am Abendhimmel gegenüber.

Der Falke schwankt betrunken auf der Beute.
Was hat, Achill,
Dein Herz?
Was auch sein Schlag bedeute:
Heb auf den Schild aus Erz!

Die Trommel dröhnt

Die Trommel dröhnt. Veränderung ist im Gang.
Die blaue Haut der fertigen Zwetschge reißt:
Ihr nacktes Fleisch zeigt ohne Scham die
Farbe des Herbstes im Gold der Fäulnis.

Die Wespen fürchten Menschengesichter nicht,
Sie brummen her und schlecken vom süßen Bier,
Das auf dem Tisch in gelben Lachen
Besser als Zwetschgensaft ihnen mundet.

Die Trommel dröhnt. Es lärmt von der Kegelbahn.
Die Äpfel kollern über den Gartenweg.
Die Kugel rollt. Die Kegel fallen.
Stürzt auch der König dahin und nimmt er,

Im Tanz sich drehend seine Gefolgschaft mit,
Ertönt das schrecklich zählende: Alle neun!
Es stimmt genau. Die Zeit betrügt nicht.
Lächelnd berechnet der Wirt die Zeche.

MARIE LUISE KASCHNITZ

Die Kinder dieser Welt

Die Kinder dieser Welt hab ich gesehen.
Mein Bruder hatte sie eingeladen
Über die sieben Berge zu fahren.
Über die sieben Berge fuhren
Die Kinder dieser Welt.

Auf dem ersten Berg war Jahrmarkt.
Die Kinder riefen, halt an.
Da tanzten über dem Rasenzelt
Milchblaue Bälle mit Nasen.
Haben, riefen die Kinder der Welt.

Auf dem zweiten Berg lief der Sturmwind
Und die Kinder schrien, hol ein.
Sie stampften und griffen ins Steuerrad
Sie ließen die Hupe gellen.
Ich weiß nicht was mein Bruder tat
Um ihrer Herr zu sein.

Auf dem dritten Berg stand die Nebelkuh
Und leckte über das Gras.
Da machten die Kinder die Augen zu
Sie fragten, sind wir nicht blaß?
Wir stürzen in die tiefe Schlucht.
Wer weiß, wer unsre Knöchlein sucht.
Sterben, sagten die Kinder der Welt.

Auf dem vierten Berg war ein Wasser.
Und mein Bruder sagte, vorbei.
Da wollten die Kinder ihn schlagen
Sie sprangen vom fahrenden Wagen
Mitten in den See.

Sie schwammen dort in der Runde
Tief unten am steinigen Grunde
Wie die Kinder der Lilofee.

Auf dem fünften Berg schien die Sonne
Wie sieben Sonnen klar.
Da streckten die Kinder die Arme aus
Und beugten sich weit zu den Fenstern heraus
Mit wehendem Haar
Und winkten und sangen laut dabei
Wie süß die sündige Liebe sei.
Küssen, sangen die Kinder der Welt.

Um den sechsten Berg schlich der Mondmann
Klein und gebückt.
Seinen Hund an der Leine.
Da rückten die Kinder zusammen.
Mein Vater ist verrückt
Mein Bruder hat keine Beine
Meine Mutter ist fortgegangen
Kommt nicht zurück ...

Auf dem siebenten Berg war kein Haus
Und mein Bruder sagte, steigt aus.
Da wurden sie alle traurig
Und ließen die Luftballons los
Und das lieblichste übergab sich
Gerade in seinen Schoß.

Sie gingen eins hierhin, eins dorthin
Die kleinen Fäuste geballt
Und wir hörten sie noch von ferne
Trotzig singen im Wald.

Hiroshima

Der den Tod auf Hiroshima warf
Ging ins Kloster, läutet dort die Glocken.
Der den Tod auf Hiroshima warf
Sprang vom Stuhl in die Schlinge, erwürgte sich.
Der den Tod auf Hiroshima warf
Fiel in Wahnsinn, wehrt Gespenster ab
Hunderttausend, die ihn angehen nächtlich
Auferstandene aus Staub für ihn.

Nichts von alledem ist wahr.
Erst vor kurzem sah ich ihn
Im Garten seines Hauses vor der Stadt.
Die Hecken waren noch jung und die Rosenbüsche zierlich.
Das wächst nicht so schnell, daß sich einer verbergen könnte
Im Wald des Vergessens. Gut zu sehen war
Das nackte Vorstadthaus, die junge Frau
Die neben ihm stand im Blumenkleid
Das kleine Mädchen an ihrer Hand
Der Knabe der auf seinem Rücken saß
Und über seinem Kopf die Peitsche schwang.
Sehr gut erkennbar war er selbst
Vierbeinig auf dem Grasplatz, das Gesicht
Verzerrt von Lachen, weil der Photograph
Hinter der Hecke stand, das Auge der Welt.

Nicht gesagt

Nicht gesagt
Was von der Sonne zu sagen gewesen wäre
Und vom Blitz nicht das einzig richtige
Geschweige denn von der Liebe.

Versuche. Gesuche. Mißlungen
Ungenaue Beschreibung

Weggelassen das Morgenrot
Nicht gesprochen vom Sämann
Und nur am Rande vermerkt
Den Hahnenfuß und das Veilchen.

Euch nicht den Rücken gestärkt
Mit ewiger Seligkeit
Den Verfall nicht geleugnet
Und nicht die Verzweiflung

Den Teufel nicht an die Wand
Weil ich nicht an ihn glaube
Gott nicht gelobt
Aber wer bin ich daß

PETER HUCHEL

Havelnacht

Hinter den ergrauten Schleusen,
nur vom Sprung der Fische laut,
schwimmen Sterne in die Reusen,
lebt der Algen Dämmerkraut.

Lebt das sanfte Sein im Wasser,
grün im Monde, unvergilbt,
wispern nachts die Büsche blasser,
rauscht das Rohr, ein Vogel schilpt.

Nah dem Geist, der nachtanbrausend
noch in seinem Flusse taucht,
in dem Schilf der Schleusen hausend,
wo der Fischer Feuer raucht:

Duft aus wieviel alten Jahren
neigt sich hier ins Wasser sacht.
Wenn wir still hinunter fahren,
weht durch uns der Trunk der Nacht.

Die vergrünten Sterne schweben
triefend unterm Ruder vor.
Und der Wind wiegt unser Leben,
wie er Weide wiegt und Rohr.

Der Garten des Theophrast

Meinem Sohn

Wenn mittags das weiße Feuer
Der Verse über den Urnen tanzt,
Gedenke, mein Sohn. Gedenke derer,
Die einst Gespräche wie Bäume gepflanzt.
Tot ist der Garten, mein Atem wird schwerer,
Bewahre die Stunde, hier ging Theophrast,
Mit Eichenlohe zu düngen den Boden,
Die wunde Rinde zu binden mit Bast.
Ein Ölbaum spaltet das mürbe Gemäuer
Und ist noch Stimme im heißen Staub.
Sie gaben Befehl, die Wurzel zu roden.
Es sinkt dein Licht, schutzloses Laub.

GÜNTER EICH

Aurora

Aurora, Morgenröte,
du lebst, oh Göttin, noch!
Der Schall der Weidenflöte
tönt aus dem Haldenloch.

Wenn sich das Herz entzündet,
belebt sich Klang und Schein,
Ruhr oder Wupper mündet
in die Ägäis ein.

Uns braust ins Ohr die Welle
vom ewigen Mittelmeer.
Wir selber sind die Stelle
von aller Wiederkehr.

In Kürbis und in Rüben
wächst Rom und Attika.
Gruß dir, du Gruß von drüben.
wo einst die Welt geschah!

Inventur

Dies ist meine Mütze,
dies ist mein Mantel,
hier mein Rasierzeug
im Beutel aus Leinen.

Konservenbüchse:
Mein Teller, mein Becher,
ich hab in das Weißblech
den Namen geritzt.

Geritzt hier mit diesem
kostbaren Nagel,
den vor begehrlichen
Augen ich berge.

Im Brotbeutel sind
ein Paar wollene Socken
und einiges, was ich
niemand verrate,

so dient es als Kissen
nachts meinem Kopf.
Die Pappe hier liegt
zwischen mir und der Erde.

Die Bleistiftmine
lieb ich am meisten:
Tags schreibt sie mir Verse,
die nachts ich erdacht.

Dies ist mein Notizbuch,
dies meine Zeltbahn,
dies ist mein Handtuch,
dies ist mein Zwirn.

Latrine

Über stinkendem Graben,
Papier voll Blut und Urin,
umschwirrt von funkelnden Fliegen,
hocke ich in den Knien,

den Blick auf bewaldete Ufer,
Gärten, gestrandetes Boot.
In den Schlamm der Verwesung
klatscht der versteinte Kot.

Irr mir im Ohre schallen
Verse von Hölderlin.
In schneeiger Reinheit spiegeln
Wolken sich im Urin.

»Geh aber nun und grüße
die schöne Garonne –«
Unter den schwankenden Füßen
schwimmen die Wolken davon.

Ende eines Sommers

Wer möchte leben ohne den Trost der Bäume!

Wie gut, daß sie am Sterben teilhaben!
Die Pfirsiche sind geerntet, die Pflaumen färben sich,
während unter dem Brückenbogen die Zeit rauscht.

Dem Vogelzug vertraue ich meine Verzweiflung an.
Er mißt seinen Teil von Ewigkeit gelassen ab.
Seine Strecken
werden sichtbar im Blattwerk als dunkler Zwang,
die Bewegung der Flügel färbt die Früchte.

Es heißt Geduld haben.
Bald wird die Vogelschrift entsiegelt,
unter der Zunge ist der Pfennig zu schmecken.

Wacht auf, denn eure Träume sind schlecht!
Bleibt wach, weil das Entsetzliche näher kommt.

Auch zu dir kommt es, der weit entfernt wohnt von den
                      Stätten, wo Blut vergossen wird,
auch zu dir und deinem Nachmittagsschlaf,
worin du ungern gestört wirst.
Wenn es heute nicht kommt, kommt es morgen,
aber sei gewiß.

»Oh, angenehmer Schlaf
auf den Kissen mit roten Blumen,
einem Weihnachtsgeschenk von Anita, woran sie drei
                      Wochen gestickt hat,
oh, angenehmer Schlaf,
wenn der Braten fett war und das Gemüse zart.
Man denkt im Einschlummern an die Wochenschau von
                      gestern abend:
Osterlämmer, erwachende Natur, Eröffnung der Spielbank
                      in Baden-Baden,
Cambridge siegte gegen Oxford mit zweieinhalb Längen, –
das genügt, das Gehirn zu beschäftigen.

Oh, dieses weiche Kissen, Daunen aus erster Wahl!
Auf ihm vergißt man das Ärgerliche der Welt, jene
                      Nachricht zum Beispiel:
Die wegen Abtreibung Angeklagte sagte zu ihrer
                      Verteidigung:
Die Frau, Mutter von sieben Kindern, kam zu mir mit einem
                      Säugling,

für den sie keine Windeln hatte und der
in Zeitungspapier gewickelt war.
Nun, das sind Angelegenheiten des Gerichtes, nicht unsre.
Man kann dagegen nichts tun, wenn einer etwas härter liegt
als der andere,
Und was kommen mag, unsere Enkel mögen es ausfechten.«

»Ah, du schläfst schon? Wache gut auf, mein Freund!
Schon läuft der Strom in den Umzäunungen, und die Posten
sind aufgestellt.«

Nein, schlaft nicht, während die Ordner der Welt geschäftig
sind!
Seid mißtrauisch gegen ihre Macht, die sie vorgeben für euch
erwerben zu müssen!
Wacht darüber, daß eure Herzen nicht leer sind, wenn mit
der Leere eurer Herzen gerechnet wird!
Tut das Unnütze, singt die Lieder, die man aus eurem Mund
nicht erwartet!
Seid unbequem, seid Sand, nicht das Öl im Getriebe der
Welt!

ALBRECHT GOES

Olévano, Blick auf Latium

Nun endlich, ganz zuletzt, auch dies begreifen:
Daß es ein Ganzes ist, dies: da zu sein.
Vorbei die Angst des Werks, die Lebensgeißel,
– Sag: Schreibtisch, Satzbau, Gleichnis und Gedicht,
Geschichte, Szene – sag: ich will, ich muß –
Nur noch: ich bin. Ich bin wie dieses Land,
Ein endlich Ding, doch voll Unendlichkeit.
Dein Teil bin ich, du Latium der Liebe,
Dein ander Ich, du Oleanderbaum.
Dies Mittagslicht: in mir gehts auf und unter,
In mir wird Abend, groß und schattenblau.
Dann kommt die Nacht. Ich bin noch, der ich bin:
Der Mann aus Deutschland, dunkel, denkensschwer,
Nun aber Kreatur und heimgekehrt,
Und die Zypresse wird mich Bruder nennen.

KARL KROLOW

Worte

Einfalt erfundener Worte,
Die man hinter Türen spricht,
Aus Fenstern und gegen die Mauern,
Gekalkt mit geduldigem Licht.

Wirklichkeit von Vokabeln,
Von zwei Silben oder von drein:
Aus den Rätseln des Himmels geschnitten,
Aus einer Ader im Stein.

Entzifferung fremder Gesichter
Mit Blitzen unter der Haut,
Mit Bärten, in denen der Wind steht,
Durch einen geflüsterten Laut.

Aber die Namen bleiben
Im Ohre nur ein Gesumm
Wie von Zikaden und Bienen,
Kehren ins Schweigen um.

Vokale – geringe Insekten,
Unsichtbar über die Luft,
Fallen als Asche nieder,
Bleiben als Quittenduft.

JOHANNES BOBROWSKI

Dorfmusik

Letztes Boot darin ich fahr
keinen Hut mehr auf dem Haar
in vier Eichenbrettern weiß
mit der Handvoll Rautenreis
meine Freunde gehn umher
   einer bläst auf der Trompete
   einer bläst auf der Posaune
Boot werd mir nicht überschwer
hör die andern reden laut:
dieser hat auf Sand gebaut

Ruft vom Brunnenbaum die Krähe
von dem ästelosen: wehe
von dem kahlen ohne Rinde:
nehmt ihm ab das Angebinde
nehmt ihm fort den Rautenast
   doch es schallet die Trompete
   doch es schallet die Posaune
keiner hat mich angefaßt
alle sagen: aus der Zeit
fährt er und er hats nicht weit

Also weiß ichs und ich fahr
keinen Hut mehr auf dem Haar
Mondenlicht um Brau und Bart
abgelebt zuendegenarrt
lausch auch einmal in die Höhe
   denn es tönet die Trompete
   denn es tönet die Posaune
und von weitem ruft die Krähe
ich bin wo ich bin: im Sand
mit der Raute in der Hand

PAUL CELAN

Die Krüge

An den langen Tischen der Zeit
zechen die Krüge Gottes.
Sie trinken die Augen der Sehenden leer und die Augen der
Blinden,
die Herzen der waltenden Schatten,
die hohle Wange des Abends.
Sie sind die gewaltigsten Zecher:
sie führen das Leere zum Mund wie das Volle
und schäumen nicht über wie du oder ich.

Todesfuge

Schwarze Milch der Frühe wir trinken sie abends
wir trinken sie mittags und morgens wir trinken sie nachts
wir trinken und trinken
wir schaufeln ein Grab in den Lüften da liegt man nicht eng
Ein Mann wohnt im Haus der spielt mit den Schlangen der
schreibt
der schreibt wenn es dunkelt nach Deutschland dein
goldenes Haar Margarete
er schreibt es und tritt vor das Haus und es blitzen die Sterne
er pfeift seine Rüden herbei
er pfeift seine Juden hervor läßt schaufeln ein Grab in der
Erde
er befiehlt uns spielt auf nun zum Tanz

Schwarze Milch der Frühe wir trinken dich nachts
wir trinken dich morgens und mittags wir trinken dich
abends
wir trinken und trinken

Ein Mann wohnt im Haus der spielt mit den Schlangen der
                                    schreibt
der schreibt wenn es dunkelt nach Deutschland dein
                                    goldenes Haar Margarete
Dein aschenes Haar Sulamith wir schaufeln ein Grab in den
                                    Lüften da liegt man nicht eng

Er ruft stecht tiefer ins Erdreich ihr einen ihr andern singet
                                    und spielt
er greift nach dem Eisen im Gurt er schwingts seine Augen
                                    sind blau
stecht tiefer die Spaten ihr einen ihr andern spielt weiter zum
                                    Tanz auf

Schwarze Milch der Frühe wir trinken dich nachts
wir trinken dich mittags und morgens wir trinken dich
                                    abends
wir trinken und trinken
ein Mann wohnt im Haus dein goldenes Haar Margarete
dein aschenes Haar Sulamith er spielt mit den Schlangen

Er ruft spielt süßer den Tod der Tod ist ein Meister aus
                                    Deutschland
er ruft streicht dunkler die Geigen dann steigt ihr als Rauch
                                    in die Luft
dann habt ihr ein Grab in den Wolken da liegt man nicht eng

Schwarze Milch der Frühe wir trinken dich nachts
wir trinken dich mittags der Tod ist ein Meister aus
                                    Deutschland
wir trinken dich abends und morgens wir trinken und
                                    trinken
der Tod ist ein Meister aus Deutschland sein Auge ist blau
er trifft dich mit bleierner Kugel er trifft dich genau
ein Mann wohnt im Haus dein goldenes Haar Margarete
er hetzt seine Rüden auf uns er schenkt uns ein Grab in der
                                    Luft

er spielt mit den Schlangen und träumet der Tod ist ein
Meister aus Deutschland

dein goldenes Haar Margarete
dein aschenes Haar Sulamith

Sprachgitter

Augenrund zwischen den Stäben.

Flimmertier Lid
rudert nach oben,
gibt einen Blick frei.

Iris, Schwimmerin, traumlos und trüb:
der Himmel, herzgrau, muß nah sein.

Schräg, in der eisernen Tülle,
der blakende Span.
Am Lichtsinn
errätst du die Seele.

(Wär ich wie du. Wärst du wie ich.
Standen wir nicht
unter *einem* Passat?
Wir sind Fremde.)

Die Fliesen. Darauf,
dicht beieinander, die beiden
herzgrauen Lachen:
zwei
Mundvoll Schweigen.

ERICH FRIED

Was es ist

Es ist Unsinn
sagt die Vernunft
Es ist was es ist
sagt die Liebe

Es ist Unglück
sagt die Berechnung
Es ist nichts als Schmerz
sagt die Angst
Es ist aussichtslos
sagt die Einsicht
Es ist was es ist
sagt die Liebe

Es ist lächerlich
sagt der Stolz
Es ist leichtsinnig
sagt die Vorsicht
Es ist unmöglich
sagt die Erfahrung
Es ist was es ist
sagt die Liebe

EUGEN GOMRINGER

schweigen schweigen schweigen
schweigen schweigen schweigen
schweigen   schweigen
schweigen schweigen schweigen
schweigen schweigen schweigen

3 variationen zu
»kein fehler im system«

1

kein fehler im system
kein efhler im system
kein ehfler im system
kein ehlfer im system
kein ehlefr im system
kein ehlerf im system
kein ehleri fm system
kein ehleri mf system
kein ehleri ms fystem
kein ehleri ms yfstem
kein ehleri ms ysftem
kein ehleri ms ystfem
kein ehleri ms ystefm
kein ehleri ms ystemf
fkei nehler im system
kfei nehler im system
kefi nehler im system
keif nehler im system
kein fehler im system

2

kein fehler im system
kein fehler imt sysem
kein fehler itm sysem
kein fehler tmi sysem
kein fehler tim sysem
kein fehler mti sysem
kein fehler mit sysem

3

kein system im fehler
kein system mir fehle
keiner fehl im system
keim in systemfehler
sein kystem im fehler
ein fehkler im system
seine kehl im fyrsten
ein symfehler im sekt
kein symmet is fehler
sey festh kleinr mime

ERNST JANDL

```
schtzngrmm
schtzngrmm
t–t–t–t
t–t–t–t
grrrmmmmm
t–t–t–t
s————c————h
tzngrmm
tzngrmm
tzngrmm
grrrmmmmm
schtzn
schtzn
t–t–t–t
t–t–t–t
schtzngrmm
schtzngrmm
tssssssssssssss
grrt
grrrrrt
grrrrrrrrrt
scht
scht
t–t–t–t–t–t–t–t
scht
tzngrmm
tzngrmm
t–t–t–t–t–t–t–t
scht
scht
scht
scht
scht
grrrrrrrrrrrrrrrrrrrrrrrrrrrrrr
t–tt
```

vater komm erzähl vom krieg
vater komm erzähl wiest eingrückt bist
vater komm erzähl wiest gschossen hast
vater komm erzähl wiest verwundt wordn bist
vater komm erzähl wiest gfallen bist
vater komm erzähl vom krieg

sommerlied

wir sind die menschen auf den wiesen
bald sind wir menschen unter den wiesen
und werden wiesen, und werden wald
das wird ein heiterer landaufenthalt

INGEBORG BACHMANN

Mein Vogel

Was auch geschieht: die verheerte Welt
sinkt in die Dämmrung zurück,
einen Schlaftrunk halten ihr die Wälder bereit,
und vom Turm, den der Wächter verließ,
blicken ruhig und stet die Augen der Eule herab.

Was auch geschieht: du weißt deine Zeit,
mein Vogel, nimmst deinen Schleier
und fliegst durch den Nebel zu mir.

Wir äugen im Dunstkreis, den das Gelichter bewohnt.
Du folgst meinem Wink, stößt hinaus
und wirbelst Gefieder und Fell –

Mein eisgrauer Schultergenoß, meine Waffe,
mit jener Feder besteckt, meiner einzigen Waffe!
Mein einziger Schmuck: Schleier und Feder von dir.

Wenn auch im Nadeltanz unterm Baum
die Haut mir brennt
und der hüfthohe Strauch
mich mit würzigen Blättern versucht,
wenn meine Locke züngelt,
sich wiegt und nach Feuchte verzehrt,
stürzt mir der Sterne Schutt
doch genau auf das Haar.

Wenn ich vom Rauch behelmt
wieder weiß, was geschieht,
mein Vogel, mein Beistand des Nachts,
wenn ich befeuert bin in der Nacht,
knistert's im dunklen Bestand,
und ich schlage den Funken aus mir.

Wenn ich befeuert bleib wie ich bin
und vom Feuer geliebt,
bis das Harz aus den Stämmen tritt,
auf die Wunden träufelt und warm
die Erde verspinnt,
(und wenn du mein Herz auch ausraubst des Nachts,
mein Vogel auf Glauben und mein Vogel auf Treu!)
rückt jene Warte ins Licht,
die du, besänftigt,
in herrlicher Ruhe erfliegst –
was auch geschieht.

An die Sonne

Schöner als der beachtliche Mond und sein geadeltes Licht,
Schöner als die Sterne, die berühmten Orden der Nacht,
Viel schöner als der feurige Auftritt eines Kometen
Und zu weit Schönrem berufen als jedes andre Gestirn,
Weil dein und mein Leben jeden Tag an ihr hängt, ist die
                                        Sonne.

Schöne Sonne, die aufgeht, ihr Werk nicht vergessen hat
Und beendet, am schönsten im Sommer, wenn ein Tag
An den Küsten verdampft und ohne Kraft gespiegelt die
                                        Segel
Über dein Aug ziehn, bis du müde wirst und das letzte
                                        verkürzt.

Ohne die Sonne nimmt auch die Kunst wieder den Schleier,
Du erscheinst mir nicht mehr, und die See und der Sand,
Von Schatten gepeitscht, fliehen unter mein Lid.

Schönes Licht, das uns warm hält, bewahrt und wunderbar
                                        sorgt,
Daß ich wieder sehe und daß ich dich wiederseh!

Nichts Schönres unter der Sonne als unter der Sonne zu
                                        sein . . .

Nichts Schönres als den Stab im Wasser zu sehn und den
                                        Vogel oben,
Der seinen Flug überlegt, und unten die Fische im Schwarm,
Gefärbt, geformt, in die Welt gekommen mit einer Sendung
                                        von Licht,
Und den Umkreis zu sehn, das Geviert eines Felds, das
                                        Tausendeck meines Lands
Und das Kleid, das du angetan hast. Und dein Kleid, glockig
                                        und blau!

330

Schönes Blau, in dem die Pfauen spazieren und sich
verneigen,
Blau der Fernen, der Zonen des Glücks mit den Wettern für
mein Gefühl,
Blauer Zufall am Horizont! Und meine begeisterten Augen
Weiten sich wieder und blinken und brennen sich wund.

Schöne Sonne, der vom Staub noch die größte Bewundrung
gebührt,
Drum werde ich nicht wegen dem Mond und den Sternen
und nicht,
Weil die Nacht mit Kometen prahlt und in mir einen Narren
sucht,
Sondern deinetwegen und bald endlos und wie um nichts
sonst
Klage führen über den unabwendbaren Verlust meiner
Augen.

Böhmen liegt am Meer

Sind hierorts Häuser grün, tret ich noch in ein Haus.
Sind hier die Brücken heil, geh ich auf gutem Grund.
Ist Liebesmüh in alle Zeit verloren, verlier ich sie hier gern.

Bin ich's nicht, ist es einer, der ist so gut wie ich.

Grenzt hier ein Wort an mich, so laß ich's grenzen.
Liegt Böhmen noch am Meer, glaub ich den Meeren wieder.
Und glaub ich noch ans Meer, so hoffe ich auf Land.

Bin ich's, so ist's ein jeder, der ist soviel wie ich.
Ich will nichts mehr für mich. Ich will zugrunde gehn.

Zugrund – das heißt zum Meer, dort find ich Böhmen
                                    wieder.
Zugrund gerichtet, wach ich ruhig auf.
Von Grund auf weiß ich jetzt, und ich bin unverloren.

Kommt her, ihr Böhmen alle, Seefahrer, Hafenhuren und
                                    Schiffe
unverankert. Wollt ihr nicht böhmisch sein, Illyrer,
                                    Veroneser,
und Venezianer alle. Spielt die Komödien, die lachen
                                    machen

Und die zum Weinen sind. Und irrt euch hundertmal,
wie ich mich irrte und Proben nie bestand,
doch hab ich sie bestanden, ein um das andre Mal.

Wie Böhmen sie bestand und eines schönen Tags
ans Meer begnadigt wurde und jetzt am Wasser liegt.

Ich grenz noch an ein Wort und an ein andres Land,
ich grenz, wie wenig auch, an alles immer mehr,

ein Böhme, ein Vagant, der nichts hat, den nichts hält,
begabt nur noch, vom Meer, das strittig ist, Land meiner
                                    Wahl zu sehen.

GÜNTER GRASS

Kinderlied

Wer lacht hier, hat gelacht?
Hier hat sich's ausgelacht.
Wer hier lacht, macht Verdacht,
daß er aus Gründen lacht.

Wer weint hier, hat geweint?
Hier wird nicht mehr geweint.
Wer hier weint, der auch meint,
daß er aus Gründen weint.

Wer spricht hier, spricht und schweigt?
Wer schweigt, wird angezeigt.
Wer hier spricht, hat verschwiegen,
wo seine Gründe liegen.

Wer spielt hier, spielt im Sand?
Wer spielt, muß an die Wand,
hat sich beim Spiel die Hand
gründlich verspielt, verbrannt.

Wer stirbt hier, ist gestorben?
Wer stirbt, ist abgeworben.
Wer hier stirbt, unverdorben
ist ohne Grund verstorben.

HANS MAGNUS ENZENSBERGER

Utopia

Der Tag steigt auf mit großer Kraft
schlägt durch die Wolken seine Klauen.
Der Milchmann trommelt auf seinen Kannen
Sonaten: himmelan steigen die Bräutigame
auf Rolltreppen: wild mit großer Kraft
werden schwarze und weiße Hüte geschwenkt.
Die Bienen streiken. Durch die Wolken
radschlagen die Prokuristen,
aus den Dachluken zwitschern Päpste.
Ergriffenheit herrscht und Spott
und Jubel. Segelschiffe
werden aus Bilanzen gefaltet.
Der Kanzler schussert mit einem Strolch
um den Geheimfonds. Die Liebe
wird polizeilich gestattet,
ausgerufen wird eine Amnestie
für die Sager der Wahrheit.
Die Bäcker schenken Semmeln
den Musikanten. Die Schmiede
beschlagen mit eisernen Kreuzen
die Esel. Wie eine Meuterei
bricht das Glück, wie ein Löwe aus.
Die Wucherer, mit Apfelblüten
und mit Radieschen beworfen,
versteinern. Zu Kies geschlagen,
zieren sie Wasserspiele und Gärten.
Überall steigen Ballone auf,
die Lustflotte steht unter Dampf:
Steigt ein, ihr Milchmänner,
Bräutigame und Strolche!
Macht los! Mit großer Kraft
steigt auf
            der Tag.

Bildzeitung

Du wirst reich sein
Markenstecher Uhrenkleber:
wenn der Mittelstürmer will
wird um eine Mark geköpft
ein ganzes Heer beschmutzter Prinzen
Turandots Mitgift unfehlbarer Tip
Tischlein deck dich:
du wirst reich sein.

Manitypistin Stenoküre
du wirst schön sein:
wenn der Produzent will
wird dich Druckerschwärze salben
zwischen Schenkeln grober Raster
mißgewählter Wechselbalg
Eselin streck dich:
du wirst schön sein.

Sozialvieh Stimmenpartner
du wirst stark sein:
wenn der Präsident will
Boxhandschuh am Innenlenker
Blitzlicht auf das Henkerlächeln
gib doch Zunder gib doch Gas
Knüppel aus dem Sack:
du wirst stark sein.

Auch du auch du auch du
wirst langsam eingehn
an Lohnstreifen und Lügen
reich, stark erniedrigt
durch Musterungen und Malz-
kaffee, schön besudelt mit Straf-
zetteln, Schweiß,
atomarem Dreck:

deine Lungen ein gelbes Riff
aus Nikotin und Verleumdung
Möge die Erde dir leicht sein
wie das Leichentuch
aus Rotation und Betrug
das du dir täglich kaufst
in das du dich täglich wickelst.

GÜNTER KUNERT

Ich bringe eine Botschaft

1

Ich bringe eine Botschaft,
Und die heißt: Keine Sicherheit. Der auf Frieden
Hofft wie auf das Stillestehen der Zeit,
Ist ein Narr. Wohl: Die Waffen ruhen
Ein wenig, und die Toten der letzten Schlachten
Ruhen ein wenig, doch
Die Lebenden ruhen nicht.

2

Der im stahltapezierten Felsenzimmer
Die Raketen richtet
Auf die Brust seines Kameraden drüben, auf
Dessen Mutter und Stadt und Feld und Land, muß
Wissen, daß
Auf der anderen Seite die gleichen Ziele
Anvisiert werden: Sicherheit
Findet sich im Nirgendwo. Nicht getroffen
Von dem alles verheerenden Schuß

Werden einzig die Generationen, die vorher
Ins Nichts sich begaben.

3

Mit bleichen Gesichtern
Durchblättern am frühen Morgen die Städter
In den rollenden Zügen die Zeitungen hastig:
Wie steht der Kampf
In den brennenden Dschungeln von Laos,
Auf der anderen Seite des Erdballs?
Mühselig buchstabierend lesen sie die Namen
Äußerst fremder Orte und Generäle, die
Sie gleichgültig ließen, ahnten sie nicht:
Ihnen
Erwächst Gefahr.

4

Durch die noch stillen Wälder ziehen sich
Panzergräben
Auf den Landkarten erst, doch wer durch die Wälder
Geht, spüret
Schon einen Hauch.

5

Tödlichem Gas gleich
Wallt über uns die Gewohnheit: wem es nichts
Ausmacht,
Mit einem Bein im Grabe zu stehen, wird bald
Mit beiden drin liegen.

6

Auf einem Vulkan läßt sich leben, besagt
Eine Inschrift im zerstörten Pompeji.

7

Und die Bürger der vom Meere geschluckten
Ortschaft Vineta
Bauten für ihr Geld Kirchen, deren Glocken
Noch heute mancher zu hören vermeint, statt
Einen schützenden Deich.

8

Der ich, ähnlich vielen, wenig
Neigung verspüre
Mein Dasein fortzuführen
Als unterseeisches Geläute, als mehr oder
Weniger klassische Inschrift,
Bringe nur eine kurze Botschaft: Keine Sicherheit
Heißt sie.

9

Solange die Zerstörung einträglicher ist
Denn Aufbauen, und
Solange
Nicht abgeschafft sind,
Derer die Einträglichkeit ist, solange
Wird vielleicht hin und wieder sein: Ein wenig
Ruhe. Sicherheit
Keine.

SARAH KIRSCH

Schöner See Wasseraug

Schöner See Wasseraug ich lieg dir am Rand
Spähe durch Gras und Wimpern, du
Läßt mir Fische springen ihr Bauchsilber
Sprüht in der schrägen Sonne die Krähe
Mit sehr gewölbten Schwungfedern
Geht über dich hin, deine Ufer
Wähltest du inmitten heimischer Bäume
Kiefern und Laubwald Weiden und Birken
Rahmen dich, kunstvolle Fassung
Deines geschuppten Glases, aber am nächsten
    Morgen

Ist die Sonne in Tücher gewickelt und fern
Das andere Ufer verschwimmt, seine Hänge
Sanft abfallende Palmenhaine
Erreichen dich, du
Einem langsamen Flußarm ähnlich
Birgst Krokodile und lederne Schlangen
Seltsame Vögel mit roten Federn
Fliegen dir quellwärts, ich komm zur Hütte
Rufe mein weißgesichtiges Äffchen und will
In dir die bunten Röcke waschen

Wenn der Rücken mir schmerzt wenn
Die Sonne ganz aufgekommen ist
Liegt der See in anderer Landschaft
Er weiß alle jetzt hat er das Ufer der Marne
Ein Stahlbrückchen eckige Häuser Büsche
Mein schöner Bruder holt mich im Kahn
Fischsuppe zu essen er singt das Lied
Vom See der zum Fluß wurde
Aus Sehnsucht nach fremden Flüssen und Städten

ROBERT GERNHARDT

Bekenntnis

Ich leide an Versagensangst,
besonders, wenn ich dichte.
Die Angst, die machte mir bereits
manch schönen Reim zuschanden.

Roma aeterna

Das Rom der Foren, Rom der Tempel
Das Rom der Kirchen, Rom der Villen
Das laute Rom und das der stillen
Entlegnen Plätze, wo der Stempel

Verblichner Macht noch an Palästen
Von altem Prunk erzählt und Schrecken
Indes aus moosbegrünten Becken
Des Wassers Spiegel allem Festen

Den Wandel vorhält. So viel Städte
In einer einzigen. Als hätte
Ein Gott sonst sehr verstreuten Glanz

Hierhergelenkt, um alles Scheinen
Zu steingewordnem Sein zu einen:
Rom hat viel alte Bausubstanz.

NICOLAS BORN

Da hat er gelernt was Krieg ist sagt er

I

Er hat eine Ahnung von Nichtwiederkommen
in der Allee die sich hinten
ordentlich verengt wie auf Fotos.
Aber kaum verschwunden ist er wieder da
kaum bin ich vom Fenster weg
wird er riesengroß auf Fronturlaub
der immer (sagt er zu seiner Frau)
der letzte sein kann.

Er ist im ganzen eine Überraschung
seine Stimme klingt im Korridor
etwas anders
(es ist eher die Stimme seines
Bruders der vermißt ist)
du du sagt er und sieht sie komisch an
und fragt – da bin ich weg –
wo ist der Junge.
Sie stöbern mich auf
ziehn mich hervor knallrot die Augen zu
aus dem Einmach-Regal.
Als hätte ich Spaß gemacht lachen sie
und verlangen von mir das gleiche
ich muß umarmt und geküßt werden
bis ich schreie.

Nachdem ich ihn nicht mehr gemocht habe
mag ich ihn wieder
er spürt das sofort und nimmt von mir
was er kriegen kann.
Es ist das Erlebnis der Weite sagt er

das man in Rußland hat
es ist ein rätselhaftes Land.
Später einigt er sich auf die Bezeichnung:
Land der Gegensätze.
Er ist da in voller Überlebensgröße
will auf einmal wieder mein Vater sein
das kostet ihn Geld und viele Worte.
Ich liebe ihn nur wenn ich reite
auf dem hohen Nacken dieses Vatermenschen
der in Rußland war.

II

Theodor Anton Friebe (40) schlug mich hart
er zog mich hoch aus Zimmerecken teilte
die Schläge in Rationen ein
(zwischendurch drehte er sich um
ob er noch die Zustimmung meiner Mutter hatte
sie weinte nickte aber tapfer zu jeder Ration).
Er ist ein Arschloch habe ich geschrien
wenn Vater kommt der macht ihn kaputt
doch Theo Friebe
(Asthmatiker, stellvertr. Bürgerm.) sagte:
Dein Vater ist mein Freund
wenn du mich erpressen willst hier ist
dein Vater
und nahm das Bild in beide Hände und
trieb mich damit vor sich her
ich wich meinem Vater zur Seite aus
doch Friebe entwischte ich nicht:
Hier ist dein Vater entschuldige dich.
Friebe schlug mich hart in Millingen am Rhein
bis ich mich entschuldigte mit Nasenbluten
bei meinem Vater der danach
wieder ganz ruhig auf dem Klavier stand.

III

Da hat er gelernt was Krieg ist sagt er
brachte aber keinen Streifschuß mit
keinen Splitter im Rücken
der nicht zur Ruhe kommt
der ihn verändert hätte
später
als ich wehrpflichtig wurde.
Er brachte Geschichten von Feindberührung
zum lebendigen Erzählen beim Bier
er brachte das Geständnis Angst gehabt zu haben
was ihn mir nicht glaubhafter machte
aber reinlich stand er da und reimte alles
»Churchill hat gesagt: Wir haben
das falsche Schwein geschlachtet«
und liebte mich ab 47 wieder von vorn
er war nicht amputiert und nicht
gar nicht zurückgekommen
ich weiß nicht ich glaube
ich atmete trotzdem auf.

IV

Er hat überlebt
er kehrte als Heimkehrer heim
Februar 47 es war hell und kalt
die Pappelallee knüppelhart gefroren.
Am Friedhof nahm er die Mütze ab
er hob die Hand
er grüßte von unten herauf
ein schmaler älterer Mann.
Als er im Haus war sah es so aus
als nähme er sich eine Frau
sie sahen sich an er umarmte sie
sie riß sich los und weinte am Schrank.
In der Nacht noch kamen Verwandte

zur Begrüßung mit Eigenheimer Korn
mein Vater war sofort betrunken
sie haben ihn ins Bett gebracht
ich trug die Schuhe hinterher.
Alles fing ganz langsam wieder an
die Schwierigkeiten hielten die Ehe aus
vorläufig gab ich ihm keine Antwort
er hatte den Krieg verloren.

V

Er sprach ich bin gemäßigt
gab immer öfter Adenauer recht
baute ein Haus
kämpfte in der Familie um das letzte Wort
hatte als Angestellter Erfolg
erzog seine Kinder falsch mit Erfolg
trank gern
lachte gern
sah fern
wurde immer gemäßigter
wenn er betrunken war
schämte er sich seiner Tränen nicht
er protestierte mit einer Herzattacke
gegen die Frühschwangerschaft der Töchter
aber was dabei herauskam
das drückte er an sein Herz.
Er stritt mit ihr wer wen überlebe
sie gab ihm unrecht als sie starb.

URSULA KRECHEL

Meine Mutter

1

Als meine Mutter ein Vierteljahrhundert lang
Mutter gewesen war und Frau, aber das konnte sie
vergessen mit der Zeit, als sie so geworden war
wie eine anständige Frau werden mußte
klüger als die Großmutter, ergebener als die Tanten
sparsamer in der Küche und in der Liebe als eine
der das Glück in den Schoß gefallen war
als sie genug Krümel von der Tischdecke geschnippt
als sie die Hoffnung begraben hatte, einmal eine Dame
im Pelz zu sein wie in den Modeheften vor dem Krieg
die sie immer noch hinten in der Speisekammer hütete
als sie anfing, den Töchtern ins Gesicht zu sehen
auf der Suche nach Spuren, die sie im eigenen Gesicht
nicht fand, als sie nicht mehr vor Angst aufwachte
weil sie vom Bügeleisen geträumt hatte
das nicht ausgeschaltet war, als sie schon manchmal
wagte, die Beine am frühen Nachmittag
übereinanderzuschlagen, fraß sich ein Krebs
in ihre Gebärmutter, wuchs und wucherte
und drängte meine Mutter langsam aus dem Leben.

2

Zehn Tage nach ihrem Tod war sie im Traum plötzlich
wieder da. Als hätte jemand gerufen, zog es mich
zum Fenster der früheren Wohnung. Auf der Straße
winkten vier Typen aus einem zerbeulten VW
einer drückte dabei auf die Hupe. So ungefähr
sahen die berliner Freunde vor fünf Jahren aus.
Da winkt vom Rücksitz auch eine Frau:

meine Mutter. Zuerst sehe ich sie
halb versteckt hinter ihren neuen Bekannten.
Dann sehe ich nur noch sie
ganz groß wie im Kino, dann ihren mageren weißen Arm
auf dem auch in Nahaufnahme kein einziges Härchen
zu sehen ist. Wenn sie eilig am Gasherd hantierte
hatten ihr die Flammen häufig die Haare versengt.
Am Handgelenk trägt sie den silbernen Armreif
den ihr mein Vater noch vor der Verlobung geschenkt hat.
Mir hat sie ihn vererbt. Ich die gebohnerten Treppen hinab.
An der Haustür höre ich schon ein Kichern: Mama!
rufe ich, der Nachsatz will mir nicht über die Lippen.
Meine Mutter sitzt eingeklemmt zwischen zwei
lachenden Jungen. So fröhlich war sie lange nicht mehr.
Willst du nicht mitfahren? fragt sie. Aber im Auto
ist doch kein Platz, sage ich und blicke
verlegen durch ihre seidige Bluse
so eine trug sie zu Lebzeiten nie
auf ihre junge, noch ganz spitze Mädchenbrust
und denke, ich muß den Vater rufen. Da heult schon
der Motor auf, die klapprige Tür wird von innen
zugeworfen. An der Haustür könnte ich mich ohrfeigen.
Nicht einmal die Autonummer habe ich mir gemerkt.

ROLF DIETER BRINKMANN

Einen jener klassischen

schwarzen Tangos in Köln, Ende des
Monats August, da der Sommer schon

ganz verstaubt ist, kurz nach Laden
Schluß aus der offenen Tür einer

dunklen Wirtschaft, die einem
Griechen gehört, hören, ist beinahe

ein Wunder: für einen Moment eine
Überraschung, für einen Moment

Aufatmen, für einen Moment
eine Pause in dieser Straße,

die niemand liebt und atemlos
macht, beim Hindurchgehen. Ich

schrieb das schnell auf, bevor
der Moment in der verfluchten

dunstigen Abgestorbenheit Kölns
wieder erlosch.

Quellenverzeichnis

Anomym
Dû bist mîn, ich bin dîn
Die deutsche Literatur. Ein Abriß in Text und Darstellung. Bd. 1: Mittelalter I. Hrsg. von Hans Jürgen Koch. Stuttgart: Reclam, 1976 [u. ö.]. (Universal-Bibliothek. 9601.)

Graßliedlin
Jsbruck ich muß dich lassen
Wje schön blût vns der meyen
Deutsche Literatur des 16. Jahrhunderts. Hrsg. von Adalbert Elschenbroich. Bd. 1. München: Hanser, 1981.

Willst du dein Herz mir schenken
Notenbuch der Anna Magdalena Bach aus dem Jahr 1725. In: Joh. Seb. Bach's Werke. Jg. 43. Leipzig: Bach-Gesellschaft, 1893.

Angelus Silesius (Johannes Scheffler)
A. S.: Cherubinischer Wandersmann. Kritische Ausgabe. Hrsg. von Louise Gnädinger. Stuttgart: Reclam, 1984. (Universal-Bibliothek. 8006.)

Ingeborg Bachmann
I. B.: Werke. Hrsg. von Christine Koschel, Inge von Weidenbaum, Clemens Münster. Bd. 1: Gedichte, Hörspiele, Libretti, Übersetzungen. München/Zürich: Piper, 1978. Neuausg. 1982. © 1978. Piper Verlag GmbH, München.

Johannes R. Becher
J. R. B.: An Europa. Neue Gedichte. Leipzig: Kurt Wolff, 1916. – Auch in: J. R. B.: Gesammelte Werke. Bd. 1. Berlin/Weimar: Aufbau-Verlag, 1966. © 1966 Aufbau-Verlag, Berlin und Weimar.

Richard Beer-Hofmann
R. B.-H.: Gesammelte Werke. Frankfurt a. M.: S. Fischer, 1963. © Andreas Thomasberger, Bad Soden.

Gottfried Benn
G. B.: Sämtliche Gedichte. Stuttgart: Klett-Cotta, 1998. (1–5, 8–10) © 1998 J. G. Cotta'sche Buchhandlung Nachfolger GmbH, Stuttgart. – G. B.: Statische Gedichte. Zürich: Verlag der Arche, 1948. Veränd. Neuausg. hrsg. von Paul Raabe 1983. (Neue Arche-Bücherei. 2.) (6–7) © 1948, 2000 Arche-Verlag AG, Zürich und Hamburg.

Johannes Bobrowski

J. B.: Sarmatische Zeit. Schattenland Ströme. Gedichte. Neuausgabe in einem Band. Stuttgart: Deutsche Verlags-Anstalt, [1971]. © 1961/62 Deutsche Verlags-Anstalt GmbH, Stuttgart.

Nicolas Born

N. B.: Gedichte 1967–1978. Reinbek: Rowohlt, 1978. © 1978 Rowohlt Verlag GmbH, Reinbek bei Hamburg.

Bertolt Brecht

B. B.: Gesammelte Werke. 20 Bde. Bd. 8–10: Gedichte 1–3. Frankfurt a. M.: Suhrkamp, 1967. © 1967 Suhrkamp Verlag, Frankfurt am Main.

Clemens Brentano

Gedichte der Romantik. Hrsg. von Wolfgang Frühwald. Stuttgart: Reclam, 1984 [u. ö.]. (Universal-Bibliothek. 8230.)

Rolf Dieter Brinkmann

R. D. B.: Westwärts 1&2. Gedichte. Reinbek: Rowohlt, 1975. (das neue buch. 63.) © 1975 Rowohlt Taschenbuch Verlag GmbH, Reinbek bei Hamburg.

Georg Britting

G. B.: Sämtliche Werke. Bd. 4: Gedichte 1940 bis 1964. Hrsg. von Ingeborg Schuldt-Britting. München/Leipzig: List, 1996. Mit Genehmigung von Ingeborg Schuldt-Britting, Höhenmoos.

Barthold Heinrich Brockes

B. H. B.: Irdisches Vergnügen in Gott. Gedichte. Ausw. und Nachw. von Adalbert Elschenbroich. Stuttgart: Reclam, 1963 [u. ö.]. (Universal-Bibliothek. 2015.) (1) – B. H. B.: Auszug der vornehmsten Gedichte aus dem Irdischen Vergnügen in Gott. Faks.-Dr. nach der Ausg. von 1738. Mit einem Nachw. von Dietrich Bode. Stuttgart: Metzler, 1965. (2)

Gottfried August Bürger

G. A. B.: Gedichte. Hrsg. von Gunter E. Grimm. Stuttgart: Reclam, 1997. (Universal-Bibliothek. 228.)

Aus: Carmina Burana

Carmina Burana. Lat./Dt. Ausgew., übers. und hrsg. von Günter Bernt. Stuttgart: Reclam, 1992. (Universal-Bibliothek. 8785.)

Paul Celan

P. C.: Mohn und Gedächtnis. Stuttgart: Deutsche Verlags-Anstalt, 1952. (1–2) © 1952 Deutsche Verlags-Anstalt GmbH, Stuttgart. – P. C.: Sprachgitter. Frankfurt a. M.: S. Fischer, 1959. (3) © 1959 S. Fischer Verlag GmbH, Frankfurt am Main.

Adelbert von Chamisso

A. v. Ch.: Gedichte und Versgeschichten. Ausw. und Nachw. von Peter von Matt. Stuttgart: Reclam, 1971 [u. ö.]. (Universal-Bibliothek. 313.)

Matthias Claudius

M. C.: Ausgewählte Werke. Hrsg. von Walter Münz. Stuttgart: Reclam, 1990. (Universal-Bibliothek. 1691.)

Daniel von Czepko

D. v. C.: Geistliche Schriften. Hrsg. von Werner Milch. Darmstadt: Wissenschaftliche Buchgesellschaft, 1963. (Repr. der Ausg. Breslau 1930.)

Simon Dach

Gedichte des Barock. Hrsg. von Ulrich Maché und Volker Meid. Stuttgart: Reclam, 1980 [u. ö.]. (Universal-Bibliothek. 9975.)

Theodor Däubler

Th. D.: Das Nordlicht. Genfer Ausgabe. Leipzig: Insel, 1921. © Friedhelm Kemp, München.

Richard Dehmel

R. D.: Gedichte. Hrsg. von Jürgen Viering. Stuttgart: Reclam, 1990. (Universal-Bibliothek. 8596.)

Annette von Droste-Hülshoff

A. v. D.-H.: Gedichte. Ausw. und Nachw. von Siegfried Sudhof. Stuttgart: Reclam, 1974 [u. ö.]. (Universal-Bibliothek. 7662.)

Günter Eich

G. E.: Gesammelte Werke. 4 Bde. Hrsg. von Susanne Müller-Hanpft, Horst Ohde, Heinz Schafroth und Heinz Schwitzke. Bd. 1: Die Gedichte. Die Maulwürfe. Frankfurt a. M.: Suhrkamp, 1973. © 1973 Suhrkamp Verlag, Frankfurt am Main.

Joseph von Eichendorff

J. v. E.: Gedichte. Eine Auswahl. Mit einem Nachw. von Konrad Nußbächer. Stuttgart: Reclam, 1957 [u. ö.]. (Universal-Bibliothek. 7925.) – In der Fass. der Erstdrucke auch in Neuausg.: Gedichte. Hrsg. von Peter Horst Neumann in Zsarb. mit Andreas Lorenczuk. Stuttgart: Reclam, 1997. (Universal-Bibliothek. 7925.)

Hans Magnus Enzensberger

H. M. E.: Gedichte 1955–1970. Frankfurt a. M.: Suhrkamp, 1971. © 1971 Suhrkamp Verlag, Frankfurt am Main.

Paul Fleming

P. F.: Deutsche Gedichte. Hrsg. von Volker Meid. Stuttgart: Reclam, 1986. (Universal-Bibliothek. 2455.)

Theodor Fontane

Th. F.: Gedichte. Hrsg. von Karl Richter. Stuttgart: Reclam, 1998. (Universal-Bibliothek. 6956.)

Ferdinand Freiligrath

F. F.: Gedichte. Ausw. und Nachw. von Dietrich Bode. Stuttgart: Reclam, 1964 [u. ö.]. (Universal-Bibliothek. 4911.)

Erich Fried

E. F.: Gesammelte Werke. Hrsg. von Volker Kaukoreit und Klaus Wagenbach. Gedichte 3. Berlin: Wagenbach, 1993. © 1983, 1993 Verlag Klaus Wagenbach, Berlin.

Christian Fürchtegott Gellert

Chr. F. G.: Fabeln und Erzählungen. Hrsg. von Karl-Heinz Fallbacher. Stuttgart: Reclam, 1986 [u. ö.]. (Universal-Bibliothek. 161.)

Stefan George

St. G.: Sämtliche Werke in 18 Bänden. Hrsg. von der Stefan George-Stiftung, Stuttgart. Stuttgart: Klett-Cotta, 1982 ff. © J. G. Cotta'sche Buchhandlung Nachfolger GmbH, Stuttgart. Bd. 2: Hymnen, Pilgerfahrten, Algabal. Bearb. von Ute Oelmann. 1987. (1) Bd. 3: Die Bücher der Hirten- und Preisgedichte. Der Sagen und Sänge und der Hängenden Gärten. Bearb. von Ute Oelmann. 1991. (2) Bd. 4: Das Jahr der Seele. Bearb. von Georg P. Landmann. 1982. (3–4) – St. G.: Werke. Ausgabe in 2 Bänden. Hrsg. von Robert Boehringer. Bd. 1. Stuttgart: Klett-Cotta, ⁴1984. (5)

Paul Gerhardt

Gedichte des Barock. Hrsg. von Ulrich Maché und Volker Meid. Stuttgart: Reclam, 1980 [u. ö.]. (Universal-Bibliothek. 9975.)

Robert Gernhardt

R. G.: Gedichte 1954–1994. Zürich: Haffmans, 1996. © 1999 Haffmans Verlag AG, Zürich.

Albrecht Goes

A. G.: Lichtschatten du. Gedichte aus fünfzig Jahren. Frankfurt a. M.: S. Fischer, 1978. © 1978 S. Fischer Verlag GmbH, Frankfurt am Main.

Johann Wolfgang Goethe

J. W. G.: Gedichte. Ausw. und Einl. von Stefan Zweig. Stuttgart: Reclam, 1967 [u. ö.]. (Universal-Bibliothek. 6782.)

Yvan Goll

Y. G.: Die Lyrik in 4 Bänden. Bd. 1: Frühe Gedichte. 1906–1930. Hrsg. und komm. von Barbara Glauert-Hesse im Auftrag der Fondation Yvan et Claire Goll, Saint-Dié-des-Vosges. Berlin: Argon Verlag. 1996. © 1996 Argon Verlag GmbH, Berlin. Alle Rechte bei und vorbehalten durch Wallstein Verlag, Göttingen.

Eugen Gomringer

E. G.: konstellationen, ideogramme, stundenbuch. Mit einer Einf. von Helmut Heißenbüttel und Wilhelm Gößmann und einer Bibliogr. von Dieter Kessler. Stuttgart: Reclam, 1977 [u. ö.]. (Universal-Bibliothek. 9841.) © Eugen Gomringer 1977.

Günter Grass

G. G.: Werkausgabe. Hrsg. von Volker Neuhaus und Daniela Hermes. Bd. 1: Gedichte und Kurzprosa. Göttingen: Steidl, 1997. © 1997 Steidl Verlag, Göttingen.

Franz Grillparzer

F. G.: Gedichte. Eine Auswahl. Hrsg. von Peter von Matt. Stuttgart: Reclam, 1970 [u. ö.]. (Universal-Bibliothek. 4401.)

Andreas Gryphius

A. G.: Gedichte. Hrsg. von Adalbert Elschenbroich. Stuttgart: Reclam, 1968 [u. ö.]. (Universal-Bibliothek. 8799.)

Johann Christian Günther

J. Chr. G.: Gedichte. Ausw. und Nachw. von Manfred Windfuhr. Stuttgart: Reclam, 1961 [u. ö.]. (Universal-Bibliothek. 1295.)

Friedrich von Hagedorn

F. v. H.: Gedichte. Hrsg. von Alfred Anger. Stuttgart: Reclam, 1968. (Universal-Bibliothek. 1321.)

Friedrich Hebbel

F. H.: Gedichte. Eine Auswahl. Mit einem Nachw. von U. Henry Gerlach. Stuttgart: Reclam, 1977 [u. ö.]. (Universal-Bibliothek. 3231.)

Heinrich Heine

H. H.: Gedichte. Hrsg. von Bernd Kortländer. Stuttgart: Reclam, 1993. (Universal-Bibliothek. 8988.) (1–5, 7–9) – H. H.: Buch der Lieder. Hrsg. von

Bernd Kortländer. Stuttgart: Reclam, 1990 [u. ö.]. (Universal-Bibliothek. 2231.) (6) – H. H.: Deutschland. Ein Wintermärchen. Nach dem Erstdr. hrsg. von Werner Bellmann. Stuttgart: Reclam, 1979 [u. ö.]. (Universal-Bibliothek. 2253.) (10)

Heinrich von Morungen

H. v. M.: Lieder. Mhd. und Nhd. Text, Übers., Komm. von Helmut Tervooren. Stuttgart: Reclam, 1975 [u. ö.]. (Universal-Bibliothek. 9797.)

Max Herrmann-Neiße

M. H.-N.: Gesammelte Werke. Hrsg. von Klaus Völker. Bd. 2: Um uns die Fremde. Gedichte 2. Frankfurt a. M.: Zweitausendeins, 1986. © 1986 Zweitausendeins, Postfach, D-60348 Frankfurt a. M.

Georg Herwegh

G. H.: Gedichte und Prosa. Auswahl. Hrsg. von Peter Hasubek. Stuttgart: Reclam, 1975 [u. ö.]. (Universal-Bibliothek. 5341.)

Hermann Hesse

H. H.: Die Gedichte 1892–1962. Frankfurt a. M.: Suhrkamp, 1977. © 1977 Suhrkamp Verlag, Frankfurt am Main.

Georg Heym

G. H.: Dichtungen. Ausw. und Nachw. von Walter Schmähling. Stuttgart: Reclam, 1964 [u. ö.]. (Universal-Bibliothek. 8903.)

Jakob van Hoddis

J. v. H.: Dichtungen und Briefe. Hrsg. von Regina Nörtemann. Zürich: Arche Verlag, 1987. © 1987 Arche Verlag AG, Raabe + Vitali, Zürich.

Friedrich Hölderlin

F. H.: Gedichte. Ausw. und Nachw. von Konrad Nußbächer. Stuttgart: Reclam, 1963 [u. ö.]. (Universal-Bibliothek. 6266.)

Ludwig Christoph Heinrich Hölty

Der Göttinger Hain. Hrsg. von Alfred Kelletat. Stuttgart: Reclam, 1967 [u. ö.]. (Universal-Bibliothek. 8789.)

Hugo von Hofmannsthal

H. v. H.: Gedichte. Hrsg. von Mathias Mayer. Stuttgart: Reclam, 2000. (Universal-Bibliothek. 18036.)

Christian Hofmann von Hofmannswaldau

Chr. H. v. H.: Gedichte. Ausw. und Nachw. von Manfred Windfuhr. Stuttgart: Reclam, 1969 [u. ö.]. (Universal-Bibliothek. 8889.)

Arno Holz

A. H.: Phantasus. Erstfassung. Hrsg. von Gerhard Schulz. Stuttgart: Reclam, 1986 [u. ö.]. (Universal-Bibliothek. 8549.) © Manfred Asseyer, Berlin.

Ricarda Huch

R. H.: Gesammelte Werke. 11 Bde. Hrsg. von Wilhelm Emrich. Bd. 5: Gedichte, Dramen, Reden, Aufsätze und andere Schriften. Köln/Berlin: Kiepenheuer & Witsch, 1971. © Alexander Böhm, Rockenberg.

Peter Huchel

P. H.: Die Sternenreuse. Gedichte 1925–1947. München: Piper, 1967. Neuausg. 1981. (1) © 1967 Piper Verlag GmbH, München. – P. H.: Chausseen Chausseen. Gedichte. Frankfurt a. M.: S. Fischer, 1963. (2) © S. Fischer Verlag GmbH, Frankfurt am Main.

Ulrich von Hutten

Die deutsche Literatur. Ein Abriß in Text und Darstellung. Bd. 3: Renaissance, Humanismus, Reformation. Hrsg. von Josef Schmidt. Stuttgart: Reclam, 1976 [u. ö.]. (Universal-Bibliothek. 9609.)

Ernst Jandl

E. J.: Poetische Werke. Hrsg. von Klaus Siblewski. München: Luchterhand, 1997. Bd. 2: Laut und Luise. verstreute gedichte 2. (1) Bd. 5: dingfest, verstreute gedichte 4. (2–3)

Erich Kästner

E. K.: Gesammelte Schriften. Bd. 1: Gedichte. Zürich: Atrium, 1959. © Atrium Verlag, Zürich, und Thomas Kästner.

Marie Luise Kaschnitz

M. L. K.: Überallnie. Ausgewählte Gedichte. 1928–1965. Nachw. von Karl Krolow. Hamburg: Claassen, 1965. Mit Genehmigung des Verlagshauses Goethestraße GmbH & Co. KG, München.

Gottfried Keller

G. K.: Sämtliche Werke und ausgewählte Briefe. Hrsg. von Clemens Heselhaus. Bd. 3. München: Hanser, 1958.

Justinus Kerner

J. K.: Ausgewählte Werke. Hrsg. von Gunter Grimm. Stuttgart: Reclam, 1981. (Universal-Bibliothek. 3857.)

Sarah Kirsch

S. K.: Werke in fünf Bänden. Bd. 1: Gedichte 1. Stuttgart: Deutsche Verlags-Anstalt, 1999. © Deutsche Verlags-Anstalt GmbH, München.

Johann Klaj

Gedichte des Barock. Hrsg. von Ulrich Maché und Volker Meid. Stuttgart: Reclam, 1980 [u. ö.]. (Universal-Bibliothek. 9975.)

Ewald Christian von Kleist

E. Chr. v. K.: Sämtliche Werke. Hrsg. von Jürgen Stenzel. Stuttgart: Reclam, 1971 [u. ö.]. (Universal-Bibliothek. 211.)

Heinrich von Kleist

H. v. K.: Sämtliche Werke und Briefe. Hrsg. von Helmut Sembdner. Bd. 1. München: Hanser, ⁴1965.

Friedrich Gottlieb Klopstock

F. G. K.: Oden. Ausw. und Nachw. von Karl Ludwig Schneider. Stuttgart: Reclam, 1966 [u. ö.]. (Universal-Bibliothek. 1391.)

Aus dem Königsberger Dichterkreis

Johann Gottfried Herder: »Stimmen der Völker in Liedern«. Volkslieder. Zwei Teile. 1778/79. Hrsg. von Heinz Rölleke. Stuttgart: Reclam, 1975 [u. ö.]. (Universal-Bibliothek. 1371.)

Gertrud Kolmar

G. K.: Das lyrische Werk. München: Kösel, 1960. Mit Genehmigung des Suhrkamp Verlags, Frankfurt am Main.

Theodor Kramer

Th. K.: Orgel aus Staub. Gesammelte Gedichte. Ausgew. von Erwin Chvojka. München: Hanser, 1983. © 1997 Paul Zsolnay Verlag Gesellschaft mbH, Wien.

Ursula Krechel

U. K.: Nach Mainz! Gedichte. Darmstadt/Neuwied: Luchterhand, 1977. Mit Genehmigung des Suhrkamp Verlags, Frankfurt am Main.

Karl Krolow

K. K.: Gesammelte Gedichte. Frankfurt a. M.: Suhrkamp, 1965. © 1965 Suhrkamp Verlag, Frankfurt am Main.

Der von Kürenberg

Die deutsche Literatur. Ein Abriß in Text und Darstellung. Bd. 1: Mittelalter I. Hrsg. von Hans Jürgen Koch. Stuttgart: Reclam, 1976 [u. ö.]. (Universal-Bibliothek. 9601.)

Günter Kunert

G. K.: Erinnerungen an einen Planeten. Gedichte aus fünfzehn Jahren. München: Hanser, 1963. © 1963 Carl Hanser Verlag, München und Wien.

Else Lasker-Schüler

E. L.-Sch.: Gesammelte Werke. 3 Bde. Bd. 1: Gedichte 1902–1943. Hrsg. von Friedhelm Kemp. München: Kösel, ²1961. © 1996 Suhrkamp Verlag, Frankfurt am Main.

Wilhelm Lehmann

W. L.: Gesammelte Werke. 8 Bde. Hrsg. von Agathe Weigel-Lehmann, Hans Dieter Schäfer, Bernhard Zeller. Bd. 1: Sämtliche Gedichte. Hrsg. von Hans Dieter Schäfer. Stuttgart: Klett-Cotta, 1982. © 1982 J. G. Cotta'sche Buchhandlung Nachfolger GmbH, Stuttgart.

Nikolaus Lenau

N. L.: Gedichte. Hrsg. von Hartmut Steinecke. Stuttgart: Reclam, 1993. (Universal-Bibliothek. 1449.)

Jakob Michael Reinhold Lenz

J. M. R. L.: Gedichte. Hrsg. von Hellmut Haug. Stuttgart: Reclam, 1968 [u. ö.]. (Universal-Bibliothek. 8582.)

Gotthold Ephraim Lessing

G. E. L.: Sämtliche Gedichte. Hrsg. von Gunter E. Grimm. Stuttgart: Reclam, 1987. (Universal-Bibliothek. 28.)

Alfred Lichtenstein

A. L.: Gesammelte Gedichte. Hrsg. von Klaus Kanzog. Zürich: Verlag der Arche, 1962.

Detlev von Liliencron

D. v. L.: Gedichte. Hrsg. von Günter Heintz. Stuttgart: Reclam, 1981. (Universal-Bibliothek. 7694.)

Oskar Loerke

O. L.: Die Gedichte. Hrsg. von Peter Suhrkamp. Neu durchges. von Reinhard Tgahrt. Frankfurt a. M.: Suhrkamp, 1983. © Suhrkamp Verlag, Frankfurt am Main.

Friedrich von Logau

F. v. L.: Sinngedichte. Hrsg. von Ernst-Peter Wieckenberg. Stuttgart: Reclam, 1984. (Universal-Bibliothek. 706.)

Martin Luther

Die deutsche Literatur. Ein Abriß in Text und Darstellung. Bd. 3: Renaissance, Humanismus, Reformation. Hrsg. von Josef Schmidt. Stuttgart: Reclam, 1976 [u. ö.]. (Universal-Bibliothek. 9609.)

Conrad Ferdinand Meyer

C. F. M.: Sämtliche Gedichte. Nachw. von Sjaak Onderdelinden. Stuttgart: Reclam, 1978 [u. ö.]. (Universal-Bibliothek. 9885.)

Eduard Mörike

E. M.: Gedichte. Ausw. und Nachw. von Bernhard Zeller. Stuttgart: Reclam, 1977 [u. ö.]. (Universal-Bibliothek. 7661.)

Alfred Mombert

A. M.: Dichtungen. Gesamtausgabe. 3 Bde. Hrsg. von Elisabeth Herberg. Bd. 1: München: Kösel, 1963. © 1963 Kösel- Verlag GmbH & Co., München.

Wilhelm Müller

Gedichte der Romantik. Hrsg. von Wolfgang Frühwald. Stuttgart: Reclam, 1984 [u. ö.]. (Universal-Bibliothek. 8230.)

Friedrich Nietzsche

F. N.: Gedichte. Hrsg. von Jost Hermand. Stuttgart: Reclam, 1964 [u. ö.]. (Universal-Bibliothek. 7117.)

Novalis (Friedrich von Hardenberg)

N.: Gedichte. Die Lehrlinge zu Sais. Hrsg. von Johannes Mahr. Stuttgart: Reclam, 1984. (Universal-Bibliothek. 7991.) (1) – N.: Heinrich von Ofterdingen. Ein Roman. Hrsg. von Wolfgang Frühwald. Stuttgart: Reclam, 1965. Neuausg. 1987 [u. ö.]. (Universal-Bibliothek. 8939.)

Martin Opitz

M. O.: Gedichte. Hrsg. von Jan-Dirk Müller. Stuttgart: Reclam, 1970 [u. ö.]. (Universal-Bibliothek. 361.)

Gottlieb Conrad Pfeffel

G. C. Pf.: Poetische Versuche. 4., verm. und verb. Aufl. Frankfurt/Leipzig: [o. V.], 1796.

August von Platen

A. v. P.: Gedichte. Ausw. und Nachw. von Heinrich Henel. Stuttgart: Reclam, 1968 [u. ö.]. (Universal-Bibliothek. 291.)

Jacob Regnart

Epochen der deutschen Lyrik. Hrsg. von Walther Killy. Bd. 3: Gedichte 1500–1600. Hrsg. von Klaus Düwel. München: Deutscher Taschenbuch Verlag, 1978.

Rainer Maria Rilke

R. M. R.: Gedichte. Ausw. und Nachw. von Dietrich Bode. Stuttgart: Reclam, 1997. (Universal-Bibliothek. 9623.)

Friedrich Rückert

F. R.: Gedichte. Hrsg. von Walter Schmitz. Stuttgart: Reclam, 1988. (Universal-Bibliothek. 3672.)

Johann Gaudenz von Salis-Seewis

J. G. v. S.-S.: Gesammelte Gedichte. Hrsg. von Christian Erni. Chur: Calven-Verlag, 1964.

Friedrich Schiller

F. Sch.: Gedichte. Hrsg. von Gerhard Fricke. Stuttgart: Reclam, 1952. Neuausg. 1980 [u. ö.]. (Universal-Bibliothek. 7714.)

Christian Friedrich Daniel Schubart

Chr. F. D. Sch.: Gedichte. Aus der »Deutschen Chronik«. Hrsg. von Ulrich Karthaus. Stuttgart: Reclam, 1978. (Universal-Bibliothek. 1821.)

Friedrich Spee

F. Sp.: Trutznachtigall. Hrsg. von Gustave Otto Arlt. Halle: Niemeyer, 1936.

Ernst Stadler

E. St.: Der Aufbruch und andere Gedichte. Hrsg. von Heinz Rölleke. Stuttgart: Reclam, 1967 [u. ö.]. (Universal-Bibliothek. 8528.)

Friedrich Leopold Graf zu Stolberg

Der Göttinger Hain. Hrsg. von Alfred Kelletat. Stuttgart: Reclam, 1967 [u. ö.]. (Universal-Bibliothek. 8789.)

Theodor Storm

Th. St.: Gedichte. Auswahl. Hrsg. von Gunter Grimm. Stuttgart: Reclam, 1978. (Universal-Bibliothek. 6080.)

August Stramm

A. St.: Gedichte, Dramen, Prosa, Briefe. Hrsg. von Jörg Drews. Stuttgart: Reclam, 1997. (Universal-Bibliothek. 9929.)

Ludwig Tieck

Gedichte der Romantik. Hrsg. von Wolfgang Frühwald. Stuttgart: Reclam, 1984 [u. ö.]. (Universal-Bibliothek. 8230.)

Georg Trakl

G. T.: Werke – Entwürfe – Briefe. Hrsg. von Hans-Georg Kemper und Frank Rainer Max. Stuttgart: Reclam, 1984 [u. ö.]. (Universal-Bibliothek. 8251.)

Ludwig Uhland

L. U.: Gedichte. Ausw. und Nachw. von Peter von Matt. Stuttgart: Reclam, 1974 [u. ö.]. (Universal-Bibliothek. 3021.)

Walther von der Vogelweide

Lyrik des Mittelalters. Probleme und Interpretationen. Hrsg. von Heinz Bergner. Bd. 2: Die mittelhochdeutsche Lyrik. Die mittelenglische Lyrik. Stuttgart: Reclam, 1983. (Universal-Bibliothek. 7897.) (1) Die deutsche Literatur. Ein Abriß in Text und Darstellung. Bd. 1: Mittelalter I. Hrsg. von Hans Jürgen Koch. Stuttgart: Reclam, 1976 [u. ö.]. (Universal-Bibliothek. 9601.) (2–3)

Georg Weerth

G. W.: Gedichte. Hrsg. von Winfried Hartkopf. Stuttgart: Reclam, 1976. (Universal-Bibliothek. 9807.)

Wessobrunner Gebet

Die deutsche Literatur. Ein Abriß in Text und Darstellung. Bd. 1: Mittelalter I. Hrsg. von Hans Jürgen Koch. Stuttgart: Reclam, 1976 [u. ö.]. (Universal-Bibliothek. 9601.)

Wolfram von Eschenbach

Peter Wapnewski: Die Lyrik Wolframs von Eschenbach. Edition, Kommentar, Interpretation. München: C. H. Beck, 1972.

Autorenverzeichnis

Verzeichnis der Überschriften und Anfänge

364

365

366

372